T0128092

essentials

essentials liefern aktuelles Wissen in konzentrierter Form. Die Essenz dessen, worauf es als „State-of-the-Art" in der gegenwärtigen Fachdiskussion oder in der Praxis ankommt. *essentials* informieren schnell, unkompliziert und verständlich

- als Einführung in ein aktuelles Thema aus Ihrem Fachgebiet
- als Einstieg in ein für Sie noch unbekanntes Themenfeld
- als Einblick, um zum Thema mitreden zu können

Die Bücher in elektronischer und gedruckter Form bringen das Expertenwissen von Springer-Fachautoren kompakt zur Darstellung. Sie sind besonders für die Nutzung als eBook auf Tablet-PCs, eBook-Readern und Smartphones geeignet. *essentials:* Wissensbausteine aus den Wirtschafts-, Sozial- und Geisteswissenschaften, aus Technik und Naturwissenschaften sowie aus Medizin, Psychologie und Gesundheitsberufen. Von renommierten Autoren aller Springer-Verlagsmarken.

Weitere Bände in der Reihe http://www.springer.com/series/13088

Jens Uwe Pätzmann · Robert Genrich

Employer Branding mit Archetypen

Der archetypische Persönlichkeitstest zum Finden von markenkonformen Mitarbeitern

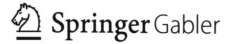

Jens Uwe Pätzmann
Hochschule Neu-Ulm
Neu-Ulm, Deutschland

Robert Genrich
Penig, Deutschland

ISSN 2197-6708   ISSN 2197-6716   (electronic)
essentials
ISBN 978-3-658-31289-3   ISBN 978-3-658-31290-9   (eBook)
https://doi.org/10.1007/978-3-658-31290-9

Die Deutsche Nationalbibliothek verzeichnet diese Publikation in der Deutschen Nationalbibliografie; detaillierte bibliografische Daten sind im Internet über http://dnb.d-nb.de abrufbar.

Planung/Lektorat: Imke Sander
Springer Gabler ist ein Imprint der eingetragenen Gesellschaft Springer Fachmedien Wiesbaden GmbH und ist ein Teil von Springer Nature.
Die Anschrift der Gesellschaft ist: Abraham-Lincoln-Str. 46, 65189 Wiesbaden, Germany

Was Sie in diesem *essential* finden können

1. Neues über einen Teilbereich des Employer Branding, der bisher vernachlässigt wurde
2. Die Übertragung von Archetypen auf einen Persönlichkeitstest
3. Impulse für den Unternehmensfit bei der Rekrutierung neuer Mitarbeiter
4. Ein Diagnoseinstrument zum Erkennen von Markenbotschaftern

Vorwort

Den sogenannten „War for talent" gab es schon einmal: Ende der 90er Jahre des 20. Jahrhunderts, als Start-ups der „New economy" wie Pilze aus dem Boden schossen. Nachdem dann die Internetblase im Frühjahr 2000 platzte, war dieser Krieg schnell vorbei. Erst nach 2005 erholte sich die Wirtschaft wieder. Doch jetzt, im Jahr 2020, ist alles anders. Der „War for talent" ist gekommen, um zu bleiben. Auch wenn die Coronakrise ihre Spuren hinterlassen wird. Warum ist das so? Es hat schlicht mit Demografie zu tun. Strömten in den 90er Jahren noch die geburtenstarken Jahrgänge auf den Arbeitsmarkt, so fehlt heute der Nachwuchs. Selbst wenn die deutsche Wirtschaft schrumpfen sollte, werden Fach- und Führungskräfte Mangelware sein.

Hier setzt die Disziplin „Employer Branding" an. Sie verknüpft Markenbildungs- mit Personal-Maßnahmen. Das ist neu. Es wird viel Geld ausgegeben, um die richtigen Arbeitnehmer anzulocken und zu halten. Manche Unternehmen können nicht mehr wachsen, weil ihnen die Mitarbeiter fehlen, die das Wachstum bewältigen sollen.

Es fällt auf, dass große Budgets in Personalmarketingkampagnen fließen, auch wird viel Geld und Kapazität in Personalentwicklungsmaßnahmen gesteckt. Woher weiß man aber, ob der potenzielle Mitarbeiter zur Unternehmensmarke bzw. zu einer spezifischen Abteilungskultur passt? Oder welcher Mitarbeiter der beste Markenbotschafter für das Unternehmen ist?

Dieses *essential* richtet sich an diejenigen, die einen pragmatischen Weg suchen, um zu testen, wer am besten zum eigenen Unternehmen passt. Dafür haben die beiden Autoren einen archetypischen Persönlichkeitstest entwickelt, der so angelegt ist, dass die Testperson nicht merkt, worauf der Test hinauswill. Er misst außerdem nur die „Soft skills" und hier insbesondere die emotionale

Seite, die besonders wichtig ist, wenn man Unternehmensmarke und Mitarbeiterpersönlichkeit auf Kongruenz testen möchte.

Deutschland, im Gegensatz zu den USA, nutzt Persönlichkeitstests als
Diagnoseinstrument für das Employer Branding noch viel zu selten. Vielleicht
haben wir Angst davor, in Schubladen gesteckt zu werden. Will man aber Unternehmensmarke und Mitarbeiterpersönlichkeit in Einklang bringen, braucht man
eine klare Haltung. Starke Marken haben klare Haltungen, starke Mitarbeiter
auch. Und manchmal ist eine Haltung eben eine Schublade.

Wir möchten uns bei unserem Kollegen Prof. Dr. Hans-Michael Ferdinand
bedanken, der uns wieder den nötigen Freiraum gegeben hat, dieses *essential*
zu scheiben. Seine kritischen Anmerkungen und Verbesserungsvorschläge, insbesondere zur Anlage des archetypischen Persönlichkeitstests waren Gold wert.
Auch gilt Imke Sander vom Verlag Springer Gabler Dank, denn die Zusammen-
arbeit klappte erneut wie am Schnürchen. Inzwischen kann man schon von einer
essential-Serie in Bezug auf Archetypen sprechen. Bisher erschienen: Markenführung mit Archetypen (2018), Storytelling mit Archetypen (2019), Customer
Insights mit Archetypen (2020) und nun Employer Branding mit Archetypen.

Neu-Ulm   Jens Uwe Pätzmann
im Juni 2020   Robert Genrich

Inhaltsverzeichnis

Über die Autoren

Prof. Dr. **Jens** **Uwe** **Pätzmann** ist Gründungsmitglied und Direktor des Institutes für Entrepreneurship an der Hochschule Neu-Ulm. Außerdem ist er Mitglied des Afrika-Institutes. Er ist seit 25 Jahren auf Markenführungsthemen spezialisiert und einer der wenigen Experten in Deutschland, die sich in Marketing-Forschung und Praxis umfassend mit Archetypen beschäftigen. Jens U. Pätzmann lehrt schwerpunktmäßig Marketing, Branding & Strategy für Startups. E-Mail: jens.paetzmann@hnu.de.

Robert **Genrich** hat Betriebswirtschaftslehre mit Schwerpunkt Marketing, Branding & Strategy an der Hochschule Neu-Ulm studiert. Er war Projektassistent bei der ovummarken strategieberatung und hat im Rahmen einer Auftragsarbeit den archetypischen Persönlichkeitstest zusammen mit Jens Uwe Pätzmann entwickelt. Zurzeit absolviert er sein Masterstudium in Business Administration mit der Vertiefung International Marketing an der Jönköping International Business School in Jönköping, Schweden.

1.1 Employer Branding als Markenführungsaufgabe

Um die Jahrtausendwende steckte das Employer Branding als Markenführungs-disziplin noch in den Kinderschuhen (Ambler und Barrow 1996, S. 14 ff.) und der ‚War for talent' wurde in Wissenschaft und Praxis als zukünftig zu adressierendes HR-Problem diskutiert (Chambers et al. 1998, S. 46). Mittler-weile sind diese Themen hochaktuell und sollten als Teil der CEO-Agenda wahrgenommen werden, damit Unternehmen im sich heute quasi täglich ver-schärfenden Kampf um die besten Mitarbeiter konkurrenzfähig bleiben (Bafaro et al. 2017; Charan et al. 2015, S. 62 ff.; Mosley 2015).

Um Markenführung heutzutage zur wirksamen Operationalisierung der markt-orientierten Unternehmensstrategie nutzen zu können, reicht es nicht mehr aus, sich ausschließlich auf den Kunden zu fokussieren (Esch und Eichenauer 2014, S. 289). Der Mitarbeiter rückt immer stärker in den Mittelpunkt, was mit einer stetig steigenden strategischen Relevanz für das Employer Branding im Rahmen einer ganzheitlichen Markenführung einhergeht (Sponheuer 2010, S. 1 ff.). Nicht umsonst wurde ‚People' als integraler Bestandteil in die ‚7 P's der holistischen Marketing-Philosophie' integriert, welche die ursprünglichen ‚4 P's des Marketing-Mix' von McCarthy (Product, Price, Promotion, Place; 1960, S. 45) um drei weitere P's (People, Process, Physical Evidence) ergänzen (Kotler et al. 2012, S. 31).

Aus Sicht der Wissenschaft ist Employer Branding als Teildisziplin des Corporate Branding einzuordnen, da die Arbeitgebermarkenführung Teil der

Unternehmensmarkenführung ist (Kernstock et al. 2014, S. 6 ff.; Kirchgeorg und Günther 2006, S. 6).

Während das Corporate Branding auf alle Stakeholder des Unternehmens abzielt, beschäftigt sich das Employer Branding explizit mit den Bedürfnissen und Wertvorstellungen aktueller und zukünftiger Mitarbeiter (Sponheuer 2010, S. 13). Hierbei werden auf Grundlage der identitätsorientierten Markenführung sowohl das Selbstbild (die Identität einer Marke) als auch das Fremdbild (das Image einer Marke) untersucht (Burmann et al. 2018, S. 14 f.). Employer Branding kann demnach als „[…] Profilierung eines Unternehmens als Arbeitgeber in der Wahrnehmung seiner Beschäftigten und potenzieller Bewerber" (Gmür 2002, S. 12) definiert werden, wobei die Wahrnehmung der Beschäftigten die nach innen gerichtete Markenidentität und die Wahrnehmung der potenziellen Bewerber das nach außen gerichtete Markenimage darstellt. Vor diesem Hintergrund müssen die Aktivitäten der Markenführung stets so gestaltet werden, dass sie den Interessen dieser beiden übergeordneten Stakeholdergruppen gleichermaßen entsprechen (Roj 2013, S. 49 ff.). Entscheidend ist hierbei vor allem, einerseits auf die spezifischen Anforderungen der Zielgruppe einzugehen und andererseits ein konsistentes Markenbild auf zielgruppenübergreifender Basis zu erzeugen (Sponheuer 2010, S. 75; Meffert und Bierwirth 2005, S. 158).

Um das hierfür benötigte Wissen aus den Bereichen Markenführung und Personalarbeit wirkungsvoll in einer Arbeitgebermarke zu synthetisieren, ist Employer Branding von Marketing und HR gleichermaßen zu gestalten (Schaefer 2016; Scholz 2014, S. 486 f.). Die etablierten Techniken der Markenführung werden vom Absatzmarkt auf den Arbeitsmarkt abstrahiert, was in einer strategischen Vernetzung beider Bereiche im Personalmarketing resultiert (Walter und Kremmel 2016b, S. 38 f.).

1.2 Benchmarking ausgewählter Persönlichkeitstests

„[…] we hire people because of their knowledge and experience, but we fire them because of their personality" (Nußbaum und Neumann 1995, S. 127) unterstreicht nachdrücklich die enorme Wichtigkeit des persönlichen Fit zwischen Mitarbeiter und Unternehmen.

Eine hierfür notwendige Potenzialanalyse minimiert einerseits das Risiko einer personellen Fehlbesetzung und eröffnet andererseits die Möglichkeit, die aktuellen Mitarbeiter besser zu verstehen und sie und ihren Funktionsbereich im Einklang mit den Unternehmenswerten zu entwickeln (Flato und Reinbold-Scheible 2008, S. 121). Zur Erkennung, Gewinnung und Bindung derjenigen Mitarbeiter, die neben den fachlichen Anforderungen vor allem mit ihrer Persönlichkeit zu Funktionsbereich und Unternehmen passen, sind Persönlichkeitstests als strategisches Employer-Branding-Werkzeug geeignet (Haensel 2010, S. 41).

In Anlehnung an einschlägige Literatur wird nun eine exemplarische Auswahl gängiger Persönlichkeitstests mit hoher Anwendungshäufigkeit vorgestellt (Hossiep und Mühlhaus 2015, S. 61 ff.; Lorenz und Rohrschneider 2015, S. 120 ff.; Schuler 2014, S. 185 ff.; Hossiep et al. 2000, S. 65 ff.).

Tab. 1.1 zeigt neben Verfahren der allgemeinen Persönlichkeitsdiagnostik (16-Persönlichkeits-Faktoren-Test nach Cattell; Big-Five-Persönlichkeitstest nach Costa und McCrae) auch berufsbezogene (Bochumer Inventar zur berufsbezogenen Persönlichkeitsbeschreibung nach Hossiep und Paschen) und motivationsbezogene (Reiss-Profile nach Reiss; Leistungsmotivationsinventar nach Schuler und Prochaska) Testverfahren. Außerdem enthalten ist der Myers-Briggs-Typenindikator als populärster Vertreter solcher Persönlichkeitstests, die auf der Typenlehre nach C. G. Jung basieren.

Es wird ersichtlich, dass auch diese häufig genutzten und in der Literatur thematisierten Persönlichkeitstests Schwachstellen haben, welche die jeweiligen Grenzen des Testeinsatzes markieren. Daraus lässt sich die These ableiten, dass es nicht den einen, universell einsetzbaren Persönlichkeitstest gibt. Jeder Test muss situativ nach individuellen Parametern konstruiert werden, um die von den Testautoren gewünschten Ergebnisse zu erzielen. Lorenz und Rohrschneider merken in diesem Kontext an, dass es grundsätzlich wichtig sei, sich auf die schwer veränderbaren, zeitlich konstanten Persönlichkeitsmerkmale zu fokussieren (Lorenz und Rohrschneider 2015, S. 119). Dies sind im Wesentlichen die der Persönlichkeit zugrunde liegenden Werte, Einstellungen und Motive. Archetypen eignen sich ideal, um die im Verborgenen liegenden, impliziten Motive und Einstellungen anzusprechen.

Da nur der Myers-Briggs-Typenindikator (MBTI) einen Bezug zur tiefenpsychologischen Typentheorie nach C. G. Jung aufweist, sind alle übrigen bisher vorgestellten Testverfahren für eine weitere Betrachtung aus dem Blickwinkel der archetypischen Persönlichkeitsdiagnostik ungeeignet. Als Konsequenz daraus wird nun näher auf den MBTI und weitere, auf der Persönlichkeitstypologie nach Jung fußende, Persönlichkeitstests eingegangen.

Tab. 1.1 Auswahl gängiger Persönlichkeitstests mit hoher Anwendungshäufigkeit

Name des Persönlichkeitstests	Herausgeber (Jahr)	Beurteilungskriterien der Persönlichkeit	Grenzen des Testeinsatzes
16-Persönlichkeits-Faktoren-Test (16 PF)	Cattell (1943)	16 Primärfaktoren der Persönlichkeit	Generierung der Persönlichkeitsdimensionen erfolgte nicht nach inhaltlichen Gesichtspunkten, sondern m. H. statistischen Verfahren (Faktorenanalyse), was zu teils inhaltlich wenig plausiblen Zuordnungen der Fragen zu den jeweiligen Testskalen führt
Big-Five Persönlichkeitstest (B5T)	Costa und McCrae (1978)	Die fünf grundlegenden Faktoren der individuellen Persönlichkeit	Primär auf psychologische Forschung und Praxis ausgerichtet, daher im Employer Branding-Kontext ggf. als wenig pragmatisch empfunden. Bei einigen Testaussagen ist die Intention der Fragen weitgehend unklar
Bochumer Inventar zur berufsbezogenen Persönlichkeitsbeschreibung (BIP)	Hossiep und Paschen (2003)	Persönlichkeitsdimensionen, die für beruflichen Erfolg wichtig sind	Manche Testfragen lassen sich von der Testperson ggf. zu eindeutig auf gewisse Auswertungskriterien zurückführen (Tendenz zu Effekten der sozialen Erwünschtheit)

(Fortsetzung)

Tab. 1.1 (Fortsetzung)

Name des Persönlichkeitstests	Herausgeber (Jahr)	Beurteilungskriterien der Persönlichkeit	Grenzen des Testeinsatzes
Reiss-Profile	Reiss (2009)	Lebensmotive (Was motiviert Menschen grundlegend?)	Motive nicht durch neue Erkenntnisse aus der Motivationsforschung, sondern durch statistische Analysen entstanden. Nur auf Leistungsmotivation bezogen, keine umfassende Betrachtung der gesamten Persönlichkeit
Leistungsmotivationsinventar (LMI)	Schuler und Prochaska (2001)	Verschiedene Schichten der Leistungsmotivation	Keine konkrete Erklärungshilfe des individuellen Ergebnisprofils für die Teilnehmer. Nur auf Leistungsmotivation bezogen, keine umfassende Betrachtung der gesamten Persönlichkeit
Myers-Briggs-Typenindikator (MBTI)	Myers und Briggs (1962)	Tiefenpsychologische Persönlichkeitsdimensionen aufbauend auf der Typentheorie nach C. G. Jung	„Best Fit" wird durch nachträgliche Korrektur der eigenen Ergebnisse des Probanden erreicht, Einschätzung somit nur begrenzt objektiv. Zertifizierung vor Einsatz des Verfahrens erforderlich

Quellen: Genaue Angaben der Übersicht halber im Quellenverzeichnis zu finden

1.3   Persönlichkeitstypologie nach C. G. Jung

C. G. Jungs Forschungen zu analytischer Psychologie umfassen unter anderem theoretische Ansätze zu Bewusstseinsfunktionen und Einstellungstypen. Diese bilden die Basis der sog. Typentests in der Eignungsdiagnostik (Hossiep und Mühlhaus 2015, S. 33 ff., 44).

Demnach besitzt der Mensch eine introvertierte und eine extrovertierte Einstellung zu seiner Umwelt, welche beide simultan in einer Person vorhanden sind. Die introvertierte Einstellung beschäftigt sich mit den Ideen und Gedanken der Innenwelt, während sich die extrovertierte Einstellung mit den Menschen und Dingen der Außenwelt beschäftigt (Bents et al. 1997, S. 33).

Weiterhin differenziert Jung die Psyche in vier Grundfunktionen, welche unabhängig von intro- und extrovertierter Einstellung auftreten. Neben den rationalen Funktionen des Denkens und Fühlens existieren die irrationalen Funktionen des Empfindens und Intuierens. Unter Intuieren versteht er eine Form der inneren Wahrnehmung, welche ohne bewusste Sinnesleistungen vonstatten-geht (Wolfradt 2015, S. 33). Insgesamt ergeben sich also acht mögliche Persönlichkeitstypen nach Jung: die vier Grundfunktionen der Psyche und die jeweilige Tendenz zur Innen- oder Außenwelt.

Die Amerikanerinnen Katharine Cook Briggs und Isabel Briggs Myers, Mutter und Tochter, beschäftigten sich jahrzehntelang intensiv mit Jungs Persönlichkeitstypologie (The Myers und Briggs Foundation o. J.). Ihr Ziel war es, aufbauend auf Jungs theoretischen Überlegungen, einen Persönlichkeitstest zu erarbeiten, welcher eine individuelle Erfassung der Persönlichkeitstypen auf Basis eines standardisierten Verfahrens ermöglicht (Myers und Myers 1995, S. 24). Der Fokus lag dabei auf der Erforschung der vier Grundfunktionen Denken, Fühlen, Empfinden und Intuieren in Verbindung mit der Außenwelt, also in der Inter-aktion zwischen Menschen und Dingen (Lorenz und Oppitz 2006, S. 300). Um nun eine Aussage über die individuellen Präferenzen der Persönlichkeit treffen zu können, fügten Myers und Briggs eine Skala hinzu, mittels derer die Einstellung gemessen werden konnte, wie eine Person wahrnimmt oder urteilt (Bents et al. 1997, S. 34).

Auf dieser Grundlage kann der dominante Aspekt der Persönlichkeit bestimmt werden, da man so Aufschluss über die Präferenz gegenüber Offenheit (entspricht der Skalenorientierung hin zu ‚Wahrnehmung‘) respektive Geschlossenheit (entspricht der entgegengesetzten Skalenorientierung hin zu ‚Beurteilung‘) gewinnt (ebd., S. 45). Die vier verwendeten Skalen ergeben in Kombination insgesamt 16 mögliche Persönlichkeitstypen, welche der MBTI untersucht.

Trotz der kritischen Sichtweise der wissenschaftlich-psychologischen Forschung auf die Typenlehre Jungs, erfreut sich dieser Typentest einer sehr großen Anwendungshäufigkeit in der beruflichen Praxis. Verwiesen sei hier auf eine unter den 580 größten deutschen Unternehmen durchgeführte Studie, welche dem MBTI neben der größten Bekanntheit auch die größte Einsatzhäufigkeit bescheinigt (Hossiep et al. 2015, S. 127).

Auf dem erfolgreichen MBTI aufbauend, entwickelten wiederum Amerikaner, Johnson und Golden im Jahre 1999, den Golden Personality Type Profiler (Johnson und Golden 1999, zitiert nach Hossiep und Mühlhaus 2015, S. 69). Golden et al. (2014) veröffentlichten mit dem Golden Profiler of Personality (GPOP) eine an diesen Test angelehnte Version für den europäischen Raum. Im Vergleich zum MBTI wurde hier noch eine weitere Skala hinzugefügt, um mittels ‚Anspannung vs. Gelassenheit‘ die Reaktion der Probanden auf alltägliche stressverursachende Reize messen zu können (Hossiep und Mühlhaus 2015, S. 69). Allerdings kann sich dieser Test in punkto Bekanntheit und Anwendungshäufigkeit nicht mit den etablierten messen und stellt so allenfalls eine Ergänzung zu bestehenden Typentests dar (ebd., S. 70, 75).

Eine Hybridform zweier tiefenpsychologischer Ansätze liefert der Pearson-Marr-Archetype-Indicator (PMAI). Auf den Erkenntnissen des MBTI aufsetzend, verbindet er die Persönlichkeitstypologie mit der Archetypenlehre Jungs (Center for Applications of Psychological Type o. J.). Der PMAI misst die Persönlichkeitsausprägung – im Gegensatz zu den vorgenannten – nicht mittels Skalen, sondern anhand der zwölf von Mark und Pearson (2001, S. 18) vorgestellten Archetypen. Die theoretische Anschlussfähigkeit des PMAI zu den Erkenntnissen der Typenlehre in Form des MBTI wurde bereits in verschiedenen Veröffentlichungen untersucht (Hautala und Routamaa 2008; McPeek 2008). So folgert ein im Journal of Psychological Type erschienener Aufsatz, dass es einen Zusammenhang zwischen den Ergebnissen der Typenlehre und den archetypischen Skalenniveaus des PMAI gibt (McPeek 2008, S. 62).

Dies lässt den Schluss zu, dass die Erkenntnisse Jungs zu Persönlichkeitstypologie und Archetypen innerhalb eines Persönlichkeitstests kombiniert werden können.

Tab. 1.2 stellt zusammenfassend die bestehenden Ansätze der archetypischen Persönlichkeitsdiagnostik dar und prüft die Aktualität des zugrundeliegenden archetypischen Modells.

Bei allen drei verglichenen Typentests besteht ein Bezug zur Tiefenpsychologie nach Jung, allerdings fließen nur beim PMAI die Archetypen explizit in die Bewertung ein. Antiarchetypen werden bei keinem der betrachteten Tests

Tab. 1.2 Aktualität und Persönlichkeitstests mit Bezug zu C. G. Jung

Test Kriterium	Myers-Briggs-Typenindikator	Golden Profiler of Personality	Pearson-Marr-Archetype-Indicator
Bezug zur tiefen-psychologischen Typentheorie nach C. G. Jung	Ja	Ja	Ja
Archetypen fließen in die Auswertung ein	Nein	Nein	Ja
Antiarchetypen explizit und vollständig berücksichtigt	Nein	Nein	Nein
Persönlichkeitstest nach dem aktuellen Stand der archetypischen Forschung	Nein	Nein	Nein

Quelle: Eigene Darstellung

ausgewertet, da der PMAI nur eine unvollständige Anzahl an Antiarchetypen beleuchtet und diese nicht klar von den untersuchten Archetypen unterscheidet (Pearson und Marr 2007). Wenn man außerdem die aktuelle archetypische Forschung bemüht, werden Archetypen und insbesondere Antiarchetypen nur in unzureichendem Maße berücksichtigt (Pätzmann und Hartwig 2018, S. 1 ff.).

Das archetypische Modell

2

2.1 Archetypenlehre nach C. G. Jung

Der Schweizer Psychologe Carl Gustav Jung unterteilte die menschliche Psyche in das persönliche Bewusste, das persönliche Unbewusste und das kollektive Unbewusste (Jung 1999a, S. 45 ff.). Ausschließlich das persönliche Bewusste ist für einen selbst und andere sichtbar, während die übrigen Bereiche als Teil des Unbewussten im Inneren verborgen bleiben.

Das persönliche Unbewusste beinhaltet diejenigen Ereignisse auf der Ebene der individuellen Erfahrungen, welche vom aktiven Bewusstsein vergessen oder verdrängt wurden (Jung und Jung 1990, S. 11). Das kollektive Unbewusste hingegen umfasst das Gesamtspektrum aller Erfahrungen und Erinnerungen vergangener Generationen (Solomon 2013, S. 221). In diesen sieht Jung die Urformen menschlicher Vorstellungsmuster, sog. menschliche Urbilder, welche er als Archetypen bezeichnet (Roesler 2016, S. 16). Er stützt seine Theorie auf Parallelen zwischen den Phantasievorstellungen geistig Verwirrter und den in Mythen verwendeten Bildmotiven, welche er in Form von Sagen- und Märchenmotiven verschiedenster Kulturen untersuchte (Stangl 2019). Archetypen drücken sich zum einen in Symbolen und zum anderen im menschlichen Verhalten in Form bestimmter Handlungsweisen und Phänomene aus (Roesler 2016, S. 17 f.). Diese Neigungen oder Präferenzen innerhalb der grundlegenden menschlichen Persönlichkeit bleiben zeitlich stabil, da sich zwar die Stärke einer Präferenz, nicht aber ihre statische Grundausrichtung verändert (Bents et al. 1997, S. 43). Darüber hinaus besitzen sie weltweit Gültigkeit, da sie kulturübergreifend und universell auftreten. War Jung noch der Meinung, dass Archetypen vererbbar seien, weiß man inzwischen, dass diese erlernbar sind (Pätzmann und Benzing 2018, S. 8 f.; Roesler 2016, S. 175 ff.).

© Der/die Herausgeber bzw. der/die Autor(en), exklusiv lizenziert durch Springer Fachmedien Wiesbaden GmbH, ein Teil von Springer Nature 2020
J. U. Pätzmann und R. Genrich, *Employer Branding mit Archetypen*, essentials, https://doi.org/10.1007/978-3-658-31290-9_2

Jung widmete sich in seinen Forschungen insbesondere den Archetypen der Anima und des Animus, welche das jeweils entgegengesetzte Geschlecht in der weiblichen bzw. männlichen Psyche darstellen (Jung 1999b, S. 57 ff.) und dessen unterschwelligen Wünsche und Eigenschaften ausdrücken (Spektrum der Wissenschaft – Lexikon der Psychologie 2000). Beide können als Gegensatzpaar (Syzygie) bezeichnet werden. Daraus lässt sich ableiten, dass es zu jedem Archetypus einen Gegensatz geben muss, den sog. Schatten (Roesler 2016, S. 34 ff.; Jung 1999b, S. 72). Ein in sich geschlossenes Modell der Archetypen Jungs existiert nicht, da er der Meinung war, dass es unendlich viele Archetypen gibt (Jung 1999a, S. 51).

2.2 Pätzmann und Hartwig

Für erfolgreiche Markenführung ist insbesondere eine gelungene Markenemotionalisierung entscheidend (Knackfuß 2010, S. 1 f.; Nadler und Rennhak 2009, S. 19 ff.). Eine Möglichkeit, Emotionen als Marketing-Werkzeug einzusetzen, sind Archetypen. Sie rufen Bilder im Kopf von Kunden und Mitarbeitern hervor und bieten ein breites Einsatzfeld von Content Marketing über Service Design bis hin zu Organisationsentwicklung (Pätzmann und Hartwig 2018, S. VII, 45 ff.).

Ab den 2000er Jahren tauchten konkrete archetypische Modelle in der Markenführung auf. Neben dem Modell von Margaret Mark und Carol S. Pearson (Mark und Pearson 2001, S. 5) entstanden weitere von Young & Rubicam (Solomon 2013, S. 222) sowie von Scholz & Friends in Kooperation mit dem Spiegelinstitut Mannheim (HORIZONT Online 2011). Jedoch wiesen all diese Modelle individuelle Schwächen auf, was Jens U. Pätzmann und Jessica Hartwig (2018, S. 2 ff.) dazu veranlasste, ein neues archetypisches Modell zu entwickeln.

Dieses zeitgemäße Modell basiert auf einer empirischen Untersuchung der 50 weltweit erfolgreichsten Blockbuster der letzten zehn Jahre, im Verlauf derer sich 14 Archetypen nebst den 14 korrespondierenden Antiarchetypen herauskristallisierten. Im Gegensatz zu früheren Modellen sind neben männlichen auch weibliche Archetypen enthalten (ebd., S. 5 ff., 26).

Die im Modell betrachteten Archetypen haben jeweils drei dazugehörende archetypische Eigenschaften bzw. Motive (in der Tiefenbetrachtung sind es sogar sechs).

Die 14 Archetypen setzen sich aus dem Genie, dem Mentor, dem Anführer, der Amazone, dem Musterschüler, der Mutter, dem Freund, der Mutter Erde, dem Engel, dem Künstler, der Schönheit, der Frohnatur, dem Entdecker sowie dem Helden zusammen. Jeder Archetyp ist in einem bestimmten grundlegenden Motivsystem verankert und wird durch entsprechende motivationale Verstärker angesprochen. Hierauf wird mit Bezugnahme auf das archetypische Motivkraftfeld in Abschn. 2.3 näher eingegangen.

Analog zu den Archetypen gibt es ein Modell für die Antiarchetypen. Diese vervollständigen die von Jung beschriebene Syzygie und bilden die Gegensatzpaare zu den Archetypen des Modells. Konkret zeigt sich dies entweder in einer gegensätzlichen Ausprägung oder negativen Übertreibung der archetypischen Eigenschaften bzw. Motive (ebd., S. 26).

2.3 Motivkraftfeld

Die Werte und Einstellungen der Persönlichkeit sind der Ausgangspunkt für die Motivationsbildung. Vor dem Hintergrund der Einzigartigkeit eines jeden menschlichen Individuums stellt sich jedoch die Frage, ob es überhaupt allgemeingültige, universelle Werte innerhalb der Psyche gibt.

Trotz der Vielschichtigkeit der menschlichen Wünsche und Bedürfnisse können alle übergeordneten Grundstrebungen zugeordnet werden (Brettschneider und Läge 2015, S. 40). Der Psychologieprofessor Norbert Bischof (1985) hat in diesem Zusammenhang die drei Grundmotive *Sicherheit, Erregung und Autonomie* identifiziert, welche in jedem Menschen vorhanden sind. In seinen Forschungen trug er Erkenntnisse aus moderner Hirnforschung, Verhaltensforschung, Evolutionsforschung sowie Entwicklungs- und Motivationspsychologie zusammen und synthetisierte sie im *Zürcher Modell der sozialen Motivation* (Scheier und Held 2012b, S. 107 f.). Auf dieser Grundlage aufbauend haben sich die Hirnforscher Hans-Georg Häusel und Jan Panksepp unabhängig voneinander mit den zentralen sozialen Motivsystemen beschäftigt und bestätigen Bischofs Erkenntnisse.

Scheier und Held (2012b, S. 107) betrachten das Modell von Bischof als das differenzierteste und am weitesten entwickelte, weshalb dessen Motivsysteme nun genauer untersucht werden.

Das *Sicherheitsmotiv* ist auf Vertrautheit, Anschluss und Geborgenheit ausgerichtet (ebd., S. 108). Soziale Sicherheit wird mit dem warmen Gefühl der Geborgenheit verbunden, welches in Gesellschaft vertrauter Personen entsteht. Je ausgeprägter diese Vertrautheit, desto stärker wird das Sicherheitsgefühl empfunden (Schneider 2001, S. 10121). Der Mensch sehnt sich grundsätzlich nach Bindung und Fürsorge, was ihn vor dem Hintergrund des Sicherheitsmotivs dazu veranlasst, andere Menschen zu unterstützen bzw. ihnen Hilfe anzubieten

(Scheier und Held 2012b, S. 108). Neben dem Gefühl der sozialen Sicherheit existiert das Gefühl der planerischen Sicherheit, was mit dem Wunsch des verlässlichen Erreichens erfüllter Zukunftspläne einhergeht. Für die Markenführung ist die Berücksichtigung der planerischen Sicherheit von besonderer Bedeutung, da sich alle Stakeholder, die mit der Marke in Verbindung stehen, konsistent auf die kommunizierten Markenwerte verlassen möchten (Brettschneider und Läge 2015, S. 40).

Das *Erregungsmotiv* ist geprägt durch Veränderung, Stimulation und die Suche nach Neuem (Scheier und Held 2012b, S. 108). Aus sozial-motivationaler Perspektive kann Erregung einerseits als ‚kindlicher' Aspekt der puren, optimistischen Freude und andererseits als ‚erwachsener' Aspekt von Abenteuer und Selbstverwirklichung definiert werden. In ihr liegt das menschliche Problemlösungsverlangen begründet, da es stets einen kurzen Erregungsimpuls gibt, sobald ein Problem gelöst wurde (Brettschneider und Läge 2015, S. 40).

Das *Autonomiemotiv* strebt nach Macht, Geltung und Leistung und kann als Gefühl von Kompetenz und Stärke durch die Ausübung von Einfluss und Autorität beschrieben werden (Scheier und Held 2012b, S. 108). Konkret zielt es auf Erfolgserlebnisse ab, die dann empfunden werden, wenn eine Person von Anderen Lob, Anerkennung oder Bewunderung erfährt bzw. Gehorsam gegenüber ihnen erreicht (Schneider 2001, S. 10122). Im sozialen Kontext bedeutet dies, dass entweder durch ausgeübte Macht oder implizierten Respekt den eigenen Wünschen nachgekommen wird. Hierbei sind durchaus Unterschiede in der weiblichen und männlichen Psyche erkennbar, da Männer ihr Selbstwertgefühl stärker über Macht und Frauen ihr Selbstwertgefühl stärker über Geltung erlangen (Brettschneider und Läge 2015, S. 40).

Jedes der drei Motivsysteme besteht aus jeweils zwei Zuständen, welche durch Über- bzw. Untererreichung der Soll-Motivstärke gekennzeichnet sind. Der Zustand der Übererreichung kann als motivationaler Verstärker und jener der Untererreichung als motivationale Barriere bezeichnet werden.

Im Falle des *Sicherheitsmotivs* spricht man von *Bindung*, wenn der Ist-Wert größer als der Soll-Wert ausfällt und umgekehrt von *Überdruss* (Bischof 1997, S. 428 f.). Wenn das *Erregungsmotiv* übererreicht wird, entsteht *Neugier*, vice versa *Furcht* (ebd., S. 431). Im Falle des *Autonomiemotivs* führt eine hohe Ausprägung zu *Assertion (Behauptung)*, wohingegen ein Defizit *Submission (Unterwerfung)* hervorruft (ebd., S. 457).

Das emotionale Belohnungssystem zielt mit seinen drei Grundbelohnungsarten exakt auf die menschlichen Grundstrebungen ab (Scheier und Held 2011, S. 207 f.). Doch wie kann es konkret aktiviert werden, wenn die anzusprechenden Motive meist implizit, also unbewusst sind?

Den Schlüssel hierzu liefern Archetypen. Sie sprechen das Unbewusste an und bilden somit einen geeigneten Zugang zu den impliziten Werten und Einstellungen einer Person, welche die Motive maßgeblich durch die damit verknüpften Emotionen beeinflussen. Das Modell *Neuroversum of Archetypes* von Scholz & Friends und dem Spiegelinstitut Mannheim kombiniert bereits Archetypen und Motive, ebenso wie das archetypische Modell von Pätzmann und Hartwig (2018, S. 3; HORIZONT Online 2011). Vor dem Hintergrund der größeren Aktualität wird nachfolgend auf die Archetypen-Motiv-Zuordnung des letztgenannten Modells eingegangen.

Abb. 2.1 veranschaulicht die Archetypen-Motiv-Zuordnung im Rahmen des archetypischen Motivkraftfeldes und bietet einen Überblick zu den grundlegenden

Legende: Erregung etc. = grundlegende Motivsysteme; + Bindung etc. = motivationale Verstärker; - Überdruss etc. = motivationale Barrieren; + Mutter etc. = Archetypen; - Materialistin etc. = Antiarchetypen

Abb. 2.1 Archetypisches Motivkraftfeld (in Anlehnung and Pätzmann und Busch 2019, S. 7; Pätzmann und Adamczyk 2020)

Motivsystemen, deren motivationalen Verstärkern und Barrieren und den damit korrespondierenden Archetypen und Antiarchetypen.

Die Archetypen des Motivsystems der *Sicherheit* sind die Mutter, die Mutter Erde und der Freund (motivationaler Verstärker *Bindung*), während die Diva, die Materialistin und der Verräter die entgegengesetzten Antiarchetypen (motivationale Barriere *Überdruss*) beschreiben.

Dem Motivsystem der *Erregung* sind Entdecker, Frohnatur, Künstler, Schönheit und Engel als Archetypen (motivationaler Verstärker *Neugier*) sowie Aussätziger, Opfer, Femme Fatale, Psychopath und Feigling als Antiarchetypen (motivationale Barriere *Furcht*) zugeordnet.

Das Motivsystem der *Autonomie* umfasst schließlich die Archetypen Anführer, Genie, Musterschüler, Mentor und Amazone für den motivationalen Verstärker *Behauptung* und vice versa den Idioten, die Sklavin, den Rächer, den Tyrannen und den Rebellen als Antiarchetypen der motivationalen Barriere *Unterwerfung*. Held und Zerstörer folgen allen drei Motivsystemen und sind nicht spezifisch zuordenbar.

2.4 Archetypen erfolgreich in der Markenführung einsetzen

„Archetypes are the heartbeat of a brand because they convey a meaning that makes customers relate to a product as if it actually were alive in some way" (Mark und Pearson 2001, S. 21 f.). Dieser Satz, 2001 von den beiden Begründerinnen des ersten archetypischen Markenführungsmodells veröffentlicht, wirkte wie eine Initialzündung für eine Reihe von Markenführungsexperten, sich mit Archetypen auseinanderzusetzen.

So wurden in den letzten Jahren eine Vielzahl archetypischer Ansätze diskutiert, auf welche nachfolgend überblicksartig eingegangen wird.

Archetypen können als direkter Zugang zu in der Psyche des Kunden verborgenen Sehnsüchten genutzt werden, weil sie das Unbewusste ansprechen (Feige 2007, S. 140). Aus markenstrategischer Sichtweise stellt sich also die Frage, welche Archetypen eine Marke generell verkörpern und wie diese als identitätsstiftendes Kundenbindungselement in Abgrenzung zu den Archetypen von Wettbewerbsmarken positioniert werden können (ebd., S. 165). In einem Whitepaper des Deutschen Marketing Verbandes werden Archetypen in diesem Zusammenhang eine entscheidende Funktion bei der Entwicklung des gesamten Markencharakters zugesprochen (Böhme und Kütt 2019).

Weiterhin können Archetypen als übergeordnetes Leitsystem für gewinn-bringende Markenkommunikation dienen, indem rationale und emotionale Aspekte besser miteinander verknüpft werden (Donike 2016; Koerting 2016). Markenpositionierungen sind ebenso auf archetypischer Basis durchführbar, hierbei wird in Personen statt in Markeneigenschaften gedacht und auf den Einsatz traditioneller Positionierungs-Frameworks verzichtet (echolot group o. J.). Außerdem können Archetypen für Internal- und Employer Branding (Pearson und Marr 2007; Pearson und Hammer 2004) sowie in der Organisationsentwicklung (Corlett und Pearson 2003) eingesetzt werden.

Auch die Autoren des momentan aktuellsten archetypischen Modells, Pätz-mann und Hartwig (2018, S. 45 ff.), zeigen einige Anwendungsmöglichkeiten im Einklang mit den vorgenannten auf.

Diese Handlungsfelder haben, insbesondere vor dem aktuellen Hintergrund immer stärker gesättigter Märkte, eine hohe Relevanz für den Gesamtmarken-erfolg (Deutsches Institut für Marketing 2018). Jens U. Pätzmann sieht ins-besondere für archetypisches Employer Branding und Organisationsentwicklung „[…] noch ganz viel Potenzial […] in Bezug auf Organisationskulturen, Teament-wicklung und Personaldiagnostik" (ebd.).

Der archetypische Persönlichkeitstest

3

3.1 Aufbau des Tests

Im Verlauf der Testplanung gilt es zunächst, die zu messenden Persönlichkeitsmerkmale festzulegen (Jonkisz et al. 2012, S. 28). Jeder Archetyp respektive Antiarchetyp wurde mit seinem grundlegenden Motivsystem, dessen motivationalem Verstärker bzw. Barriere und den dazugehörigen Motiven betrachtet. Zu jedem Motiv wurde in der Folge eine Testaussage (Item) konstruiert. Es handelt sich hierbei um unidimensionale Merkmale, da jedes Merkmal nur ein spezifisches Motiv repräsentiert (ebd., S. 28). Der Persönlichkeitstest selbst misst allerdings in Anlehnung an die grundlegenden archetypischen und antiarchetypischen Motivsysteme mehrere Dimensionen, weswegen er als multidimensional in seinem strukturellen Aufbau und als unidimensional in Bezug auf die gemessenen Merkmale bezeichnet werden kann (ebd., S. 34).

Nachdem nun die generellen Eckdaten zum Testaufbau festgelegt wurden, wird sich für eine Konstruktionsstrategie zur Entwicklung der einzelnen Items entschieden. Hier wurde eine Hybridlösung aus der von Jonkisz, Moosbrugger und Brandt (2012, S. 36) vorgestellten, rationalen und intuitiven Konstruktion, angewandt. Hintergrund dieser Entscheidung war, dass der Pearson-Marr-Archetype-Indicator – als einzig populärer Persönlichkeitstest mit ähnlichem Testaufbau – die im vorliegenden Fall zu untersuchenden Merkmale nicht vollständig sowie nur unzureichend abdeckt.

Zuerst wurden, auf einer rationalen Konstruktionsstrategie fußend, die Items des PMAI vom Englischen ins Deutsche übersetzt, um anschließend die korrespondierenden Archetypen denen des Pätzmann-Hartwig-Modells

J. U. Pätzmann und R. Genrich, *Employer Branding mit Archetypen*, essentials, https://doi.org/10.1007/978-3-658-31290-9_3

zuzuordnen. Somit konnte ein erster Überblick zum generellen Aufbau der Items sowie zur verwendeten Skaleneinteilung gewonnen werden.

Darauf aufsetzend wurden die Items für die zu untersuchenden 84 Motive – bedingt durch den bislang fehlenden theoretischen Kenntnisstand in Bezug auf das Pätzmann-Hartwig-Modell im Kontext von Persönlichkeitstests – intuitiv konstruiert und mithilfe einer Itemliste standardisiert erfasst. Tab. 3.1 illustriert den Aufbau der Kopfzeile.

In einer Vorauswahlliste wurden für jedes Motiv drei mögliche Items (3×14 Archetypen $\times$ 3 Motive $+ 3 \times 14$ Antiarchetypen $\times$ 3 Motive $= 252$ Items) für die Feinselektion erarbeitet. Im weiteren Verlauf wurde das jeweils treffendste der drei zur Wahl stehenden Items ausgewählt und nochmals in einem zweistufigen Selektionsprozess von einem Expertenkreis innerhalb des Kompetenzzentrums Marketing & Branding ($=$ fünf Experten) der Hochschule Neu-Ulm auf seinen Sinngehalt in Verbindung mit dem jeweiligen archetypischen Motiv geprüft.

Abschn. 3.4 illustriert das archetypische Motivkraftfeld und die Zuordnung der 14 Archetypen und 14 Antiarchetypen nach Pätzmann und Hartwig zu ihrem jeweiligen grundlegenden Motivsystem und dessen motivationalem Verstärker bzw. Barriere. Der Persönlichkeitstest untersucht nun die individuelle Ausprägung der drei Motive, welche jedem Archetyp bzw. Antiarchetyp zugrunde liegen.

Die Testteilnehmenden bewerten jedes der 84 Testitems, wodurch ein Stimmungsbild zu jedem archetypischen und antiarchetypischen Motiv der Persönlichkeit erhoben werden kann. Die Einteilung der Bewertungsskala wurde auf Basis einer Likert-Skala vorgenommen, um so den individuellen Grad der Zustimmung bzw. Ablehnung des Befragten zur jeweiligen inhaltlichen Aussage des Items zu bestimmen (Grünwald 2018b; Reinecke 2014, S. 604 ff.). Tab. 3.2 veranschaulicht die für die Item-Bewertung verwendete Skaleneinteilung.

Tab. 3.1 Kopfzeile der Itemliste für den archetypischen Persönlichkeitstest

Archetyp/ Antiarchetyp	Name	Grund- legendes Motivsystem	Motivationaler Verstärker	Motivationale Barriere	Motiv	Testaussage

Quelle: Eigene Darstellung

Tab. 3.2 Aufbau der verwendeten Likert-Skala

Trifft voll und ganz zu	Trifft im Wesentlichen zu	Trifft teilweise zu	Trifft in geringem Maße zu	Trifft überhaupt nicht zu

Quelle. Eigene Darstellung

Die ungerade Anzahl von 5 Auswahlmöglichkeiten wurde bewusst gewählt, um die Befragten nicht zu einer Antworttendenz zu zwingen. Die Mitte bleibt als neutrale Antwort, falls sich die Teilnehmer nicht entscheiden können oder wollen (Grünwald 2018a). Die dadurch vielfach vermutete Häufung an neutralen Antwortmöglichkeiten kann in der Praxis tendenziell nicht beobachtet werden (Cubia AG o. J.).

3.2 Archetypische Motive der Persönlichkeit

Tab. 3.3 zeigt die 14 Archetypen mit ihren jeweils drei Motiven und den darauf abzielenden Testaussagen.

Tab. 3.3 Testaussagen (Items), die auf die archetypische Persönlichkeit abzielen

Archetyp	Motiv	Testaussage (Item)
Genie	Intellektuell	Ich möchte Antworten auf grundlegende Fragen über die Welt, über den Menschen und dessen Verhältnis zu seiner Umwelt finden
	Logisch	In meinen Augen unterliegt alles einer gewissen Logik, der Zufall spielt eine untergeordnete Rolle
	Analytisch	Ich gehe Sachen bis ins Detail auf den Grund
Mentor	Weise	Ich denke in großen Zusammenhängen
	Inspirativ	Mit meinen Erfahrungen helfe ich anderen, besser zu werden
	Visionär	Ich beschäftige mich mit Zukunftsszenarien und deren langfristigen Auswirkungen
Anführer	Wegweisend	Ich verstehe es, Menschen und ihre Ziele in Einklang zu bringen
	Durchsetzungsfähig	Ich gehe voran, wenn Dinge erledigt werden müssen
	Selbstsicher	Ich reagiere in allen Situationen souverän und überlegt
Amazone	Selbstbestimmt	Ich treffe immer unabhängige Entscheidungen
	Emanzipiert	Ich lasse mich in keine Rolle drängen
	Stark	Ein gewisser Druck spornt mich zu Höchstleistungen an

(Fortsetzung)

Tab. 3.3 (Fortsetzung)

Archetyp	Motiv	Testaussage (Item)
Musterschüler	Wissbegierig	Um die Komplexität von Dingen zu verstehen, verschaffe ich mir durch Recherche einen fundierten Überblick
	Engagiert	Ich arbeite anfallende Aufgaben mit großem Elan ab
	Ordentlich	Ich mag es, wenn alles an seinem Platz ist
Mutter	Fürsorglich	Ich kümmere mich gern um die Bedürfnisse anderer
	Beschützend	Ich setze mich für Schwächere ein
	Ermutigend	Meiner Meinung nach hat jeder eine zweite Chance verdient
Freund	Hilfsbereit	Ich habe für Probleme immer ein offenes Ohr
	Zuverlässig	Das, was ich zusichere, halte ich ein
	Ehrlich	Ich sage die Wahrheit
Mutter Erde	Respektvoll	Ich betrachte jedes Individuum auf der Erde als wertvoll
	Friedliebend	Ich suche immer nach ausgleichenden Lösungen
	Kommunikativ	Ich kann gut zwischen unterschiedlichen Menschen vermitteln
Engel	Unschuldig	Ich habe noch nie etwas Böses getan
	Empathisch	Ich kann mich gut in andere hineinversetzen
	Rein	Ich führe ein vorbildliches Leben
Künstler	Einzigartig	Ich bin unkonventionell
	Kreativ	Mir macht es Spaß, neue Herangehensweisen auszuprobieren
	Tolerant	Ich bin aufgeschlossen gegenüber Andersartigem.
Schönheit	Sinnlich	Ich empfinde Emotionen intensiv
	Leidenschaftlich	Ich gebe mich einer Sache voll hin, wenn ich von ihr überzeugt bin
	Begehrenswert	Andere drehen sich nach mir um, wenn ich einen Raum betrete
Frohnatur	Robust	Ich lasse mich nicht aus der Ruhe bringen
	Humorvoll	Ich kann andere zum Lachen bringen
	Zuversichtlich	Auch wenn sich unerwartete Probleme auftun, verliere ich nie die Zuversicht

(Fortsetzung)

Tab. 3.3 (Fortsetzung)

Archetyp	Motiv	Testaussage (Item)
Entdecker	Sehnsüchtig	Ich sehne mich danach, ständig neue Dinge auszu-probieren
	Neugierig	Ich möchte die Welt mit eigenen Augen erkunden
	Euphorisch	Ich lasse mich schnell für neue Ideen gewinnen
Held	Aufopferungsvoll	Zusätzliche Aufgaben sind für mich kein Problem, wenn ich dadurch eine Verbesserung für alle erzielen kann
	Mutig	Ich bin der Meinung, dass tiefgreifende Veränderungen nur mit der nötigen Risikobereitschaft erreicht werden
	Entschlossen	Ich habe einen starken inneren Antrieb, das Gesagte in die Tat umzusetzen

Quelle: Eigene Darstellung

3.3   Antiarchetypische Motive der Persönlichkeit

Tab. 3.4 zeigt die 14 Antiarchetypen mit ihren jeweils drei Motiven und den korrespondierenden Testaussagen.

Tab. 3.4 Testaussagen (Items), die auf die antiarchetypische Persönlichkeit abzielen

Antiarchetyp	Motiv	Testaussage (Item)
Idiot	Einfältig	In manchen Situationen empfinde ich mich als toll-patschig
	Albern	Oft erheitern mich banale Dinge
	Primitiv	Oft handele ich einfach, ohne mir Gedanken zu machen
Rächer	Verbittert	Ich bin der Auffassung, dass das Leben ungerecht ist
	Unversöhnlich	Ich habe Schwierigkeiten zu verzeihen, wenn mir Unrecht widerfahren ist
	Missgünstig	Ich habe Probleme, anderen ihren Erfolg zu gönnen
Tyrann	Herrschsüchtig	Ich befehle gern
	Vermessen	Ich setze mir oft übertriebene Ziele

(Fortsetzung)

Tab. 3.4 (Fortsetzung)

Antiarchetyp	Motiv	Testaussage (Item)
	Diskriminierend	Ich grenze andere Menschen aus, wenn sie nicht meiner Meinung sind
Sklavin	Fremdbestimmt	Ich übernehme Wertvorstellungen von mir übergeordneten Personen, ohne diese selbst kritisch zu hinterfragen
	Eifersüchtig	Wenn ich Menschen, die mir wichtig sind, nicht für mich allein haben kann, werde ich wütend
	Tragisch	Ich habe oft Pech
Rebell	Anarchisch	Ich passe in kein System
	Querdenkerisch	Neues entsteht für mich, je weiter ich mich von bisher befolgten Routinen entferne
	Gesetzlos	Bestehende Regeln breche ich nach meinem Ermessungsspielraum
Materialistin	Habsüchtig	Wenn andere mehr haben als ich, möchte ich mit ihnen gleichziehen
	Egoistisch	Ich handele stets so, dass mir daraus kein Nachteil entsteht
	Einflussreich	Ich kann Menschen und Prozesse in meinem Interesse steuern
Verräter	Intrigant	Um meine Ziele zu erreichen, spiele ich andere Menschen gegeneinander aus
	Hinterhältig	Ich tarne meine wahren Absichten
	Opportunistisch	Ich passe meinen Standpunkt in kritischen Fragen so an, dass ich allgemeine Zustimmung erreiche
Diva	Selbstverliebt	Ich kann an keinem Spiegel vorbeigehen, ohne mich zu betrachten
	Überheblich	Ich bleibe anderen stets nachhaltig im Gedächtnis.
	Blasiert	Meine Fähigkeiten heben mich deutlich vom Durchschnitt ab
Feigling	Naiv	Anderen vertraue ich stets vorbehaltlos.
	Hilflos	Es fällt mir schwer, mich in unbekannten Situationen zurecht zu finden
	Unselbstständig	Ich treffe Entscheidungen stets nach Rücksprache mit einer mir nahestehenden Bezugsperson

(Fortsetzung)

Tab. 3.4   (Fortsetzung)

Antiarchetyp	Motiv	Testaussage (Item)
Psychopath	Wahnsinnig	Meine Gedanken verstören normale Menschen.
	Sadistisch	Ich erfreue mich am Unglück anderer
	Empathielos	Ich empfinde wenig Mitgefühl mit dem Schicksal anderer.
Femme Fatale	Unwiderstehlich	Andere würden ihre Zeit am liebsten ausschließlich mit mir verbringen
	Manipulativ	Ich bin mir meiner Wirkung auf andere bewusst und setze diese gekonnt ein
	Verführerisch	Ich kann andere auf charmante Art dazu bewegen, Dinge für mich zu tun
Opfer	Sensibel	Ich denke oft und lange über zurückliegende Gespräche nach
	Einsam	Soziale Kontakte aufzubauen, fällt mir schwer
	Melancholisch	Ich grübele über den Sinn des Lebens und meinen individuellen Platz in der Gesellschaft
Aussätziger	Pessimistisch	Ich habe Zukunftsängste
	Verachtet	Ich nehme es in Kauf, von der Gesellschaft nicht akzeptiert zu werden
	Andersartig	Andere halten mich für seltsam
Zerstörer	Hasserfüllt	Ich verabscheue die meisten Menschen in meiner Umgebung
	Brutal	Ich sanktioniere das Fehlverhalten anderer, ohne Rücksicht zu nehmen
	Aggressiv	Ich reagiere schnell gereizt, wenn Dinge nicht nach Plan verlaufen

Quelle: Eigene Darstellung

3.4   Einordnung in das Motivkraftfeld

Um den Testaussagen bzw. den Items einen wissenschaftlichen Referenzrahmen zu geben, macht es Sinn, sie in das archetypische Motivkraftfeld einzuordnen (Pätzmann und Busch 2019, S. 7; Pätzmann und Adamczyk 2020). Stellvertretend und der Übersicht halber wurde für die drei Aussagen pro Archetyp bzw.

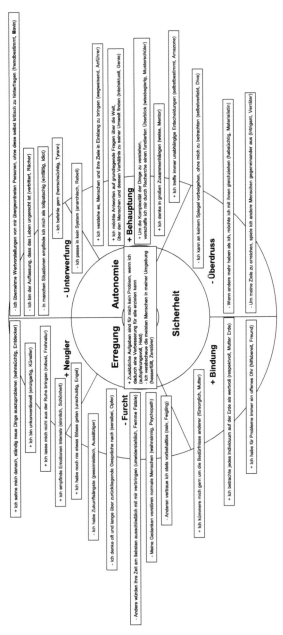

Abb. 3.1 Archetypisches Motivkraftfeld mit Persönlichkeitstestaussagen (in Anlehnung an Pätzmann und Busch 2019, S. 7; Pätzmann und Adamczyk 2020)

Legende: Erregung etc. = grundlegende Motivsysteme; + Bindung etc. = motivationale Verstärker; - Überdruss etc. = motivationale Barrieren; + Ich möchte Antworten … = Testaussagen mit Motiv und Archetyp; - Ich übernehme Wertvorstellungen … etc. = Testaussagen mit Motiv und Antiarchetyp

Antiarchetyp immer das erste Statement der Testbatterie ausgewählt. Gemeint sind aber alle drei Statements, denn nur die Kombination ergibt den kompletten Archetyp. Abb. 3.1 illustriert die Einordnung in das Motivkraftfeld.

So liest man die Einordnung in das Motivkraftfeld:

- Testaussage: Ich verstehe es, Menschen und ihre Ziele in Einklang zu bringen.
- Motivationaler Verstärker: Behauptung.
- Grundlegendes Motivsystem: Autonomie.
- Motiv: wegweisend.
- Archetyp: Anführer. ◀

Konkrete Anwendung in der Praxis

4

4.1 Rekrutierung neuer Mitarbeiter

Um die einzelnen Antwortmöglichkeiten entsprechend ihres Zustimmungsgrads auswerten zu können, muss eine Likert-Skala numerisch kodiert werden (Borg 2014, S. 969). Die im vorliegenden Fall verwendete Kodierung ist Tab. 4.1 zu entnehmen.

Die somit auswertbaren Testantworten haben jedoch als Rohwerte, ohne einen Vergleichsmaßstab zur Testwertinterpretation, nur geringe Aussagekraft (Goldhammer und Hartig 2012, S. 174). In der Folge wurden die individuellen Antworten je Bezugsgruppe für alle Archetypen und Antiarchetypen sowie den dazugehörigen Motiven in Prozentrangnormen umgewandelt.

Zunächst werden die Prozentränge je Motiv des Archetyps bzw. Antiarchetyps gebildet, indem die kumulierten Testwerte der kodierten Likert-Skala durch die Anzahl der Testwerte geteilt und dieser Ausdruck mit 100 multipliziert wird. Anschließend werden die so errechneten Werte nach Zugehörigkeit zu ihrem Archetyp bzw. Antiarchetyp summiert und durch die Anzahl der Motive (drei) geteilt, um den Prozentrang des jeweiligen Archetyps bzw. Antiarchetyps als Ausdruck des Durchschnittswerts der ihm zugrunde liegenden Motive zu erhalten.

Auf Basis dieses Vergleichsmaßstabs können nun sinnvolle Testwertinterpretationen in Form eines Benchmarkings durchgeführt werden, wobei die individuellen Testergebnisse mit dem vorab definierten Idealprofil verglichen werden. Diesen Prozess der Auswertungslogik verdeutlichen Abb. 4.1 und 4.2.

Der Auswertungsprozess des Benchmarkings erfolgt nach der Definition der Idealprofile.

Konkret wird hierunter die Abweichung des individuellen Testergebnisses eines (zukünftigen) Mitarbeiters von dem für den Funktionsbereich definierten

Tab. 4.1 Kodierung der verwendeten Likert-Skala

Trifft voll und ganz zu	Trifft im Wesentlichen zu	Trifft teilweise zu	Trifft in geringem Maße zu	Trifft überhaupt nicht zu
1	0,75	0,5	0,25	0

Quelle: Eigene Darstellung

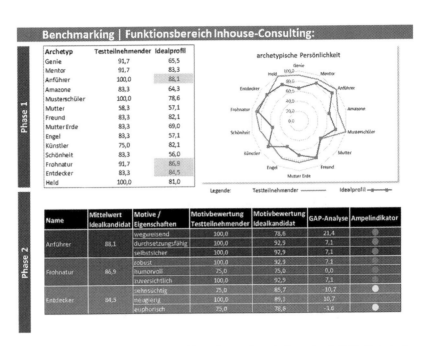

Abb. 4.1 Exemplarisches Benchmarking der archetypischen Persönlichkeit bei der Rekrutierung neuer Mitarbeiter. (Quelle: Eigene Experteninterviews 2019, n = 7)

Idealprofil verstanden. Zunächst wird die Passung der grundsätzlichen archetypischen Persönlichkeitsausprägung analysiert, bevor sich das Benchmarking der Top3-Archetypen anschließt. Die GAP-Detektion des Benchmarkings wird nach einer Ampellogik durchgeführt. Der Wertebereich der zulässigen Abweichungen ist in Tab. 4.2 dargestellt.

Die individuelle Ausprägung der archetypischen Persönlichkeit wird dann als positiv betrachtet (grüne Ampel), wenn sie positiv vom definierten Idealprofil abweicht, also stärker ausgeprägt ist als gefordert. Ergo färbt sich die Ampel gelb,

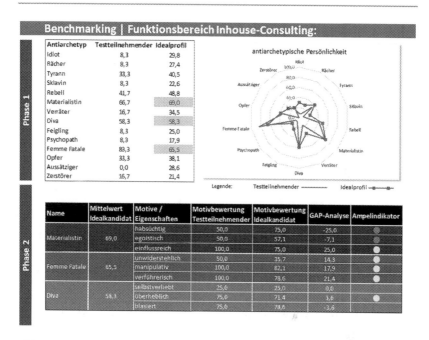

Benchmarking | Funktionsbereich Inhouse-Consulting:

Phase 1

Antiarchetyp	Testteilnehmender	Idealprofil
Idiot	8,3	29,8
Rächer	8,3	27,4
Tyrann	33,3	40,5
Sklavin	8,3	22,6
Rebell	41,7	48,8
Materialistin	66,7	69,0
Verräter	16,7	34,5
Diva	58,3	58,3
Feigling	8,3	25,0
Psychopath	8,3	17,9
Femme Fatale	83,3	65,5
Opfer	33,3	38,1
Aussätziger	0,0	28,6
Zerstörer	16,7	21,4

Legende: Testteilnehmender ········ Idealprofil ··■··■··

Phase 2

Name	Mittelwert Idealkandidat	Motive / Eigenschaften	Motivbewertung Testteilnehmender	Motivbewertung Idealkandidat	GAP-Analyse	Ampelindikator
Materialistin	69,0	habsüchtig	50,0	75,0	-25,0	●
		egoistisch	50,0	57,1	-7,1	●
		einflussreich	100,0	75,0	25,0	●
Femme Fatale	65,5	unwiderstehlich	50,0	35,7	14,3	●
		manipulativ	100,0	82,1	17,9	●
		verführerisch	100,0	78,6	21,4	●
Diva	58,3	selbstverliebt	25,0	25,0	0,0	
		überheblich	75,0	71,4	3,6	●
		blasiert	75,0	78,6	-3,6	

Abb. 4.2 Exemplarisches Benchmarking der antiarchetypischen Persönlichkeit bei der Rekrutierung neuer Mitarbeiter. (Quelle: Eigene Experteninterviews 2019, n = 7)

Tab. 4.2 Benchmarking-Wertebereich der Abweichung vom Idealprofil als Ampel

Farbklassifizierung gemäß Ampel-Logik	Abweichung vom archetypischen Idealprofil	Abweichung vom antiarchetypischen Idealprofil
Rot (mittelgrau)	< −25	> 25
Gelb (hellgrau)	0 bis −25	0 bis 25
Grün (dunkelgrau)	> 0	< 0

Quelle: Eigene Darstellung

wenn der individuelle Testwert bis zu 25 Bewertungspunkte unterhalb des Idealprofils liegt (0 bis −25 entspricht einer negativen Abweichung um bis zu einer Bewertungsstufe auf der in Tab. 4.1 dargestellten, fünfstufigen Likert-Skala). Bei einer noch größeren Abweichung signalisiert die rote Ampelfärbung einen deutlich fehlenden Fit zwischen der archetypischen Persönlichkeit von Mitarbeiter und Funktionsbereich.

Das Benchmarking der antiarchetypischen Persönlichkeitsausprägung verhält sich genau umgekehrt. Hier ist eine negative Abweichung vom Idealprofil vorteilhaft, da der individuelle Testwert innerhalb des definierten Toleranzbereiches liegt (grüne Ampel).

Analog zum Wertebereich des archetypischen Idealprofils färbt sich die Ampel gelb, wenn um bis zu einer Bewertungsstufe (0 bis 25) abgewichen wird. Sollte der antiarchetypische Toleranzbereich um mehr als eine Bewertungsstufe überschritten werden, also eine Abweichung von > 25 vorliegen, färbt sich die Ampel rot und zeigt dringenden Handlungsbedarf an.

Nachfolgend wird das Benchmarking für ein fiktives Testergebnis eines Mitarbeiters aus dem Funktionsbereich Inhouse-Consulting durchgeführt. Abb. 4.1 zeigt das Benchmarking der archetypischen Persönlichkeit.

Bereits an der Spiderweb-Visualisierung des Fits der grundsätzlichen archetypischen Persönlichkeit ist eine hohe Passung zwischen analysiertem Mitarbeiter und Funktionsbereich erkennbar. Dieser Eindruck bestätigt sich beim Blick auf die GAP-Analyse für die einzelnen Motive der Top3-Archetypen. Bis auf eine leicht negative Abweichung von zwei Motiven (sehnsüchtig und euphorisch des Archetyps Entdecker) werden alle anderen übererfüllt. Das Benchmarking der antiarchetypischen Persönlichkeit illustriert Abb. 4.2.

Auch in diesem Fall ist schon aus der Spiderweb-Darstellung ableitbar, dass keine gravierenden Unterschiede zwischen Mitarbeiter und Funktionsbereich existieren. Die antiarchetypische Passung ist zwar nicht ganz so gut wie die archetypische, jedoch sind alle Benchmark-Ampeln im grünen oder maximal im gelben Bereich.

Zusammenfassend ist der Persönlichkeits-Fit zwischen diesem fiktiven Mitarbeiter und dem Funktionsbereich Inhouse-Consulting als sehr gut einzustufen. Aus archetypischer Sicht entspricht der Mitarbeiter fasst vollkommen den Erwartungen und auch die Abweichungen aus antiarchetypischer Sicht sind vertretbar, da der dem Inhouse-Consultant zugestandene Handlungsspielraum in Bezug auf die Top3-Antiarchetypen nicht zu stark überschritten wird.

Wie geht man konkret vor?

Vertreter aus der Personalabteilung und Fachvertreter aus der Abteilung Inhouse-Consulting bilden ein Expertenteam (+/− sechs Experten als Daumenregel) und bestimmen das archetypische Idealprofil des Inhouse-Consultants. Es wird auch das Idealprofil für die antiarchetypischen Motive ermittelt, besser wäre hier wahrscheinlich der Begriff „Toleranzprofil". Also: welche negativen Motive werden als noch tolerabel angesehen, welche

sind nicht akzeptabel? Anschließend füllt der Kandidat den archetypischen
Persönlichkeitstest aus (ein exemplarischer Fragebogen befindet sich im
Anhang, siehe Tab. 5.1). Somit können die Lücken ermittelt werden. Jede
Abteilung (z. B. Einkauf, Marketing, Vertrieb, Logistik, Controlling, Personal
etc.) kann mit dieser Methode archetypische Profile erstellen. ◄

Die mithilfe des Tests ermöglichte, objektive Analyse der persönlichkeitsorientierten Passung zwischen Mitarbeiter und Funktionsbereich kann für
einen zielgerichteteren Aufbau der Arbeitgebermarke genutzt werden. Die
gewonnenen Erkenntnisse zu den impliziten Motiven der Persönlichkeitsausprägung bedeuten ein besseres Verständnis darüber, was die Mitarbeiter grundlegend antreibt. Auf dieser Basis kann das Arbeitgeberwertversprechen entlang
des gemeinsamen ‚Purpose' ausgerichtet werden, um über die Wertekongruenz
zwischen Arbeitgeber und Arbeitnehmer neue Mitarbeiter erfolgreich anzu-
ziehen und bestehende zu binden. Um eventuelle Defizite auszugleichen, können
Personalentwicklungsmaßnahmen herangezogen werden, z. B. Coaching zur
Teamfähigkeit, wenn wie in diesem fiktiven Fall ein Hang zur Überheblichkeit
(Diva) festgestellt wird.

4.2 Ausbildung von Markenbotschaftern

Neben dem unter Abschn. 4.1 beschriebenen Einsatz des Persönlichkeitstests als
Instrument zur Rekrutierung neuer Mitarbeiter kann er ebenso eingesetzt werden,
um bestehende Mitarbeiter zu Markenbotschaftern auszubilden.

Bestehende Mitarbeiter zu Markenbotschaftern machen

Grundlegend basiert die Auswertungslogik auf der der Rekrutierung von
neuen Mitarbeitern, allerdings unterscheiden sich die erhobenen Para-
meter. Das archetypische Idealprofil wird nicht für einen Funktionsbereich,
sondern für die Unternehmensmarke definiert, wobei ein cross-funktionales
Markenbotschafter-Team das Unternehmen mittels des Tests beurteilt. Je
nach Größe des Unternehmens sollten es nicht weniger als 25 Personen sein
(1/3 Topmanagement, 1/3 mittleres Management und ein 1/3 Mitarbeiter
ohne Personalverantwortung). So wird die archetypische Gesamtpersönlich-
keit des Unternehmens auf möglichst breiter Basis erarbeitet, ohne zu stark
auf Präferenzen einzelner Abteilungen einzugehen. Als übergeordnete Leit-
frage während der gesamten Testdurchführung dient ‚Welche Eigenschaften

beschreiben die Unternehmensmarke am treffendsten?'. Anschließend folgt der Vergleich (Benchmarking) von Mitarbeitern aus den Funktionsbereichen mit dem Idealprofil der Unternehmensmarke. ◄

Abb. 4.3 zeigt das archetypische Idealprofil der fiktiven Unternehmensmarke a. Die Top3-Archetypen sind der Mentor (95,8), der Freund (91,7) und der Entdecker (91,7). Innerhalb dieser Archetypen sind die Motive weise/inspirativ (Mentor), zuverlässig (Freund) und neugierig (Entdecker) am dominantesten und bilden folglich das archetypische Idealprofil der Unternehmensmarke a. Das entgegengesetzte, antiarchetypische Idealprofil ist Abb. 4.4 zu entnehmen.

Die dominantesten Antiarchetypen setzen sich aus dem Rebellen (54,2), der Diva (50,0) und der Femme Fatale (50,0) zusammen. Hierin sind die Motive querdenkerisch (Rebell), blasiert (Diva) und verführerisch (Femme Fatale) am stärksten ausgeprägt. Das antiarchetypische Idealprofil kann demnach mit querdenkerisch, blasiert und verführerisch beschrieben werden.

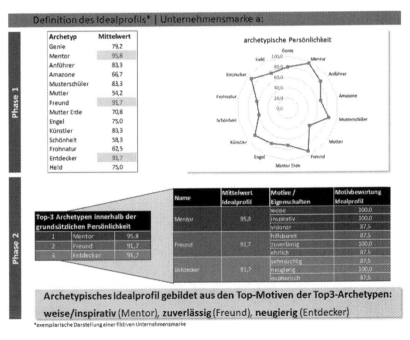

Abb. 4.3 Fiktive Unternehmensmarke a – archetypisches Profil. (Quelle: Fiktives Beispiel)

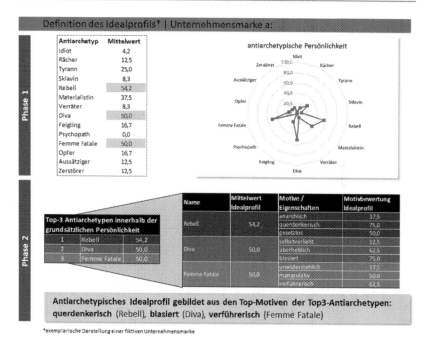

Abb. 4.4 Fiktive Unternehmensmarke a – antiarchetypisches Idealprofil. (Quelle: Fiktives Beispiel)

Nachfolgend wird das Idealprofil der fiktiven Unternehmensmarke a exemplarisch mit einem Mitarbeiter des Funktionsbereichs Inhouse-Consulting verglichen, der zufälligerweise dem Idealprofil des Mitarbeiters im Inhouse-Consulting entspricht, um den archetypischen Fit zwischen Mitarbeitern und Unternehmensmarke zu untersuchen. Hierbei wird analog zu dem unter Abschn. 4.1 erläuterten Vorgehen verfahren. Der in Tab. 4.2 vorgestellte Benchmarking-Wertebereich der Abweichung vom Idealprofil findet entsprechend ebenso Anwendung. Abb. 4.5 illustriert das Benchmarking der archetypischen Persönlichkeit.

An der Spiderweb-Visualisierung ist abzulesen, dass sich die archetypische Persönlichkeit des untersuchten Funktionsbereichs grundsätzlich mit den Unternehmenswerten deckt. In Bezug auf die Top3-Archetypen ist allerdings anzumerken, dass keines der Motive übertroffen wird, sondern alle etwas unterhalb der Erwartungen des Idealprofils der Unternehmensmarke a zurückbleiben. Der Mitarbeiter sollte also etwas weiser/inspirativer (Mentor), zuverlässiger

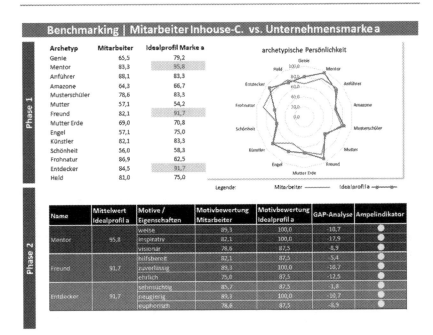

Benchmarking | Mitarbeiter Inhouse-C. vs. Unternehmensmarke a					

Phase 1

Archetyp	Mitarbeiter	Idealprofil Marke a
Genie	65,5	79,2
Mentor	83,3	95,8
Anführer	88,1	83,3
Amazone	64,3	66,7
Musterschüler	78,6	83,3
Mutter	57,1	54,2
Freund	82,1	91,7
Mutter Erde	69,0	70,8
Engel	57,1	75,0
Künstler	82,1	83,3
Schönheit	56,0	58,3
Frohnatur	86,9	62,5
Entdecker	84,5	91,7
Held	81,0	75,0

Phase 2

Name	Mittelwert Idealprofil a	Motive / Eigenschaften	Motivbewertung Mitarbeiter	Motivbewertung Idealprofil a	GAP-Analyse	Ampelindikator
Mentor	95,8	weise	89,3	100,0	-10,7	○
		inspirativ	82,1	100,0	-17,9	○
		visionär	78,6	87,5	-8,9	○
Freund	91,7	hilfsbereit	82,1	87,5	-5,4	○
		zuverlässig	89,3	100,0	-10,7	○
		ehrlich	75,0	87,5	-12,5	○
Entdecker	91,7	sehnsüchtig	85,7	87,5	-1,8	○
		neugierig	89,3	100,0	-10,7	○
		euphorisch	78,6	87,5	-8,9	○

Abb. 4.5 Exemplarisches Benchmarking der archetypischen Persönlichkeit zur Ausbildung von Markenbotschaftern. (Quelle: Fiktives Beispiel)

(Freund) und neugieriger (Entdecker) werden, wenn er als Markenbotschafter des Unternehmens, z. B. auf Rekrutierungsmessen, auftreten will. Entsprechende interne Schulungsmaßnahmen können das befördern. Das Benchmarking der anti-archetypischen Persönlichkeit ist in Abb. 4.6 dargestellt.

Hier gibt das Spiderweb bereits eine erste Indikation, dass der (ideale) Mitarbeiter im Inhouse-Consulting den von der Unternehmensmarke a definierten, antiarchetypischen Toleranzbereich größtenteils überschreitet.

Bei den Top3-Antiarchetypen wird nur der Toleranzbereich des Rebellen nicht überschritten. Die Diva ist etwas stärker ausgeprägt als das Idealprofil vorsieht, bewegt sich jedoch immer noch im zugestandenen Ermessensspielraum. Bei der Femme Fatale variieren die Motive in ihrer Ausprägung: so wird das Motiv unwiderstehlich nicht überschritten (grüne Ampel), währenddessen die Motive verführerisch (gelbe Ampel, da im tolerierten Rahmen) und manipulativ (rote Ampel, da Überschreitung um mehr als eine Bewertung) ausgeprägter sind als der zulässige Toleranzbereich.

Benchmarking | Mitarbeiter Inhouse-C. vs. Unternehmensmarke a

Phase 1

Antiarchetyp	Mitarbeiter	Idealprofil Marke a
Idiot	29,8	4,2
Rächer	27,4	12,5
Tyrann	40,5	25,0
Sklavin	22,6	8,3
Rebell	48,8	54,2
Materialistin	69,0	37,5
Verräter	34,5	8,3
Diva	58,3	50,0
Feigling	25,0	16,7
Psychopath	17,9	0,0
Femme Fatale	65,5	50,0
Opfer	38,1	16,7
Aussätziger	28,6	12,5
Zerstörer	21,4	12,5

antiarchetypische Persönlichkeit (Radar: Idiot, Rächer, Tyrann, Sklavin, Rebell, Materialistin, Verräter, Diva, Feigling, Psychopath, Femme Fatale, Opfer, Aussätziger, Zerstörer)

Legende: Mitarbeiter —— Idealprofil a

Phase 2

Name	Mittelwert Idealprofil a	Motive / Eigenschaften	Motivbewertung Mitarbeiter	Motivbewertung Idealprofil a	GAP-Analyse	Ampelindikator
Rebell	54,2	anarchisch	35,7	37,5	-1,8	●
		querdenkerisch	67,9	75,0	-7,1	●
		gesetzlos	42,9	50,0	-7,1	●
Diva	50,0	selbstverliebt	25,0	12,5	12,5	●
		überheblich	71,4	62,5	8,9	●
		blasiert	78,6	75,0	3,6	●
Femme Fatale	50,0	unwiderstehlich	35,7	37,5	-1,8	●
		manipulativ	82,1	50,0	32,1	●
		verführerisch	78,6	62,5	16,1	●

Abb. 4.6 Exemplarisches Benchmarking der antiarchetypischen Persönlichkeit zur Ausbildung von Markenbotschaftern. (Quelle: Fiktives Beispiel)

In diesem Beispiel ist der momentane Mitarbeiter-Marken-Fit zwischen dem Funktionsbereich Inhouse-Consulting und der fiktiven Unternehmensmarke a als ausbaufähig einzustufen. Ist die archetypische Abweichung noch weitestgehend moderat, fällt sie hinsichtlich des antiarchetypischen Pendants schon deutlich stärker aus. In der Folge wäre zunächst eine genaue Erforschung der den Abweichungen zugrunde liegenden Ursachen angezeigt, bevor anschließend mit zielgerichteten Personalentwicklungsmaßnahmen gegengesteuert wird.

Aus den vorangegangenen Überlegungen kann synthetisiert werden, dass der Persönlichkeitstest auch als Markenbotschafter-Werkzeug einsetzbar ist. Die mittels des Persönlichkeitstests generierten Erkenntnisse zu den impliziten Motiven der Mitarbeiterpersönlichkeit (exemplarisch ausgedrückt durch einen Mitarbeiter des Funktionsbereiches Inhouse-Consulting) werden mit der archetypischen Persönlichkeit der Unternehmensmarke (ausgedrückt durch das Idealprofil der Unternehmensmarke) abgeglichen. Die so gewonnenen Erkenntnisse bezüglich des Mitarbeiter-Marken-Fit werden in der Folge für zielgerichtete

Personalentwicklungsmaßnahmen genutzt. Übergeordnetes Ziel derer ist es, die Mitarbeiter an der Unternehmensmarke auszurichten, also eine grundlegende Wertekongruenz zwischen Mitarbeiter, Funktionsbereich und Unternehmensmarke herzustellen. Dies ist die Basis für intrinsisch motivierte Mitarbeiter, die in der Folge als Markenbotschafter agieren. Durch ein so aktiv nach Außen getragenes Arbeitgeberwertversprechen wird die Glaubwürdigkeit von Employer und Corporate Brand nachhaltig erhöht.

4.3   Weitere Anwendungen in der Zukunft

a) Zusammenstellung von Teams für Start-ups, Intrapreneurship-Aufgabenstellungen und Innovationsentwicklungen im Allgemeinen
Man weiß, dass Teams nicht gut funktionieren, wenn alle kreativ sind und keiner auf die Zahlen achtet. Edward de Bono hat vor langer Zeit die sogenannte Sechs-Denkhüte-Methode entwickelt (De Bono 2016, x-te Auflage), mit der Personen unterschiedliche Perspektiven auf ein Innovationsproblem einnehmen können. Er vergibt sechs unterschiedliche Farben für die Denkhüte: Weiß = neutrales, analytisches Denken, Rot = subjektives, emotionales Denken, Schwarz = pessimistisches Denken, Gelb = realistisch, optimistisches Denken, Grün = innovatives, assoziatives Denken und Blau = ordnendes, strukturiertes Denken.

Es ist nicht bekannt, wie de Bono auf die sechs Denkhüte gekommen ist. Durch Erfahrungswissen? Durch eine Empirie? Durch Willkür? Interessant wäre es, das Prinzip auf Archetypen zu übertragen. Im ersten Schritt müsste empirisch ermittelt werden, welche Rollen/Archetypen in z. B. Start-ups wichtig sind. Welche Rollen ergänzen sich? Welche neutralisieren sich? Befragte wären Start-up-Gründer, Venture Capitalists, Business Angels, Entrepreneurship-Professoren und ähnliche Experten. Dann clustert man, findet Muster und Ähnlichkeiten und bildet den idealen Archetypen-Mix für Start-ups. Im letzten Schritt lässt man potenzielle Teammitglieder den archetypischen Persönlichkeitstest durchführen und stellt danach das Team zusammen.

b) Archetypische Lebensberatung/Coaching entlang der Heldenreise
Pearson hat es vorgemacht, Ihr PMAI-Test ist gerade erneuert worden und als Webseite mit Online-Test verfügbar (Pearson 2020). Auch Lindemann bietet Coaching (eine Art Lebensberatung im Hinblick auf Potenziale, Ziele und

Träume) an und lässt seine Coachees systemische Heldenreisen für ihr eigenes Schicksal entwickeln (Lindemann 2016).

Wie könnte man vorgehen? Menschen, die Orientierung suchen, füllen den archetypischen Persönlichkeitstest aus. Ideal wäre, wenn eine konstruktiv-kritische zweite Person, vielleicht ein Verwandter oder ein guter Freund diesen Test für die betroffene Person auch ausfüllt (über ihn), sodass man Selbst- und Fremdbild übereinanderlegen kann. An der Schließung der Lücken wird dann mit Hilfe von Coaching-Techniken gearbeitet.

Alternativ füllt der Coachee zunächst einen archetypischen Persönlichkeitstest aus, sozusagen als Ist-Aufnahme und anschließend bestimmt er sein eigenes Ideal-Bild. Dann lässt man ihn auf eine Heldenreise gehen, um seinem Idealbild näher zu kommen, zum Beispiel in Form von Spielkarten oder auch einer Software.

c) Politikerberatung/Topmanagerberatung
Pätzmann und Benzing (2018) haben einen ersten Versuch unternommen, Archetypen auf Politiker anzuwenden. In einer empirischen Studie wurden das Idealbild eines Kanzlers und anschließend die Profile von Angela Merkel und dem damaligen Kanzlerkandidaten der SPD, Martin Schulz, ermittelt. Angela Merkel kam dem idealen Kanzler sehr nahe, übertraf das Idealbild sogar manchmal. In der damaligen Untersuchung wurde nur das Fremdbild ermittelt. Nun, da es den archetypischen Persönlichkeitstest gibt, kann man auch das Selbstbild analysieren, beides übereinanderlegen und versuchen, durch geeignete Imageprofilierungsmaßnahmen die Lücken zu schließen. Eine dritte Variable wäre das Idealbild, sodass man kommunikative Strategien entwickeln kann, die Selbst-, Fremd- und Idealbild berücksichtigen. Das gleiche gilt für Topmanager, die in der Öffentlichkeit stehen und ihr Image kontrollieren und steuern wollen.

d) Zielgruppensegmentierung und Mediaplanung
Es gibt eine Reihe unterschiedlicher Möglichkeiten, Zielgruppen zu segmentieren. Die gängigste Methode war bisher, nach Sinus-Milieus vorzugehen. Seit Jahren schon wird kritisiert, dass die Sinus-Milieus zu grob seien. Das archetypische Modell von Pätzmann & Hartwig besteht aus 14 Archetypen und 14 Antiarchetypen, die dargestellt im „Spiderweb" sehr differenzierte Zielgruppensegmentierungen und Personas abbilden können. Dafür müsste man Deutschlands Bevölkerung mithilfe des archetypischen Persönlichkeitstests quantitativ vermessen. Das geht, kostet aber nicht unerheblich Geld.

Anschließend müsste man die Archetypen an gängige Markt-Media-Studien (z. B. AWA, B4P) und Mediennutzungsstudien (z. B. MA, AGOF) koppeln, dann hätte man ein Tool, das die motivationale Erlebniswelt von Konsumenten im Hinblick auf Konsumverhalten und Mediennutzung differenziert widerspiegelt. Jens Pätzmann ist offen für Kooperationen diesbezüglich.

Fazit

5

Der archetypische Persönlichkeitstest ist noch nicht validiert worden. Er muss in den nächsten Monaten und Jahren quantitativ überprüft werden. Es kann sehr gut sein, dass sich Testaussagen ändern werden. Der Kern wird bestehen bleiben.

Das Thema Archetypen im Marketing scheint schier unerschöpflich zu sein. Weitere Themen, die in den nächsten Jahren veröffentlicht werden könnten, neben jenen, die in Abschn. 4.3 bereits erwähnt wurden, sind

- Farbpsychologie mit Archetypen (Forschungsfrage: Können Farben Archetypen sein?),
- Logoentwicklung mit Archetypen (Forschungsfrage: Können Formen Archetypen sein?),
- Positionierung mit Archetypen (Forschungsfrage: Können die drei grundlegenden Motivsysteme Basis für ein 3-D-Modell sein?),
- Design Thinking mit Archetypen (Forschungsfrage: Können Archetypen den Design Thinking-Prozess verbessern?) und
- Globale Werte mit Archetypen (Forschungsfrage: Lassen sich Hofstede und andere auf Archetypen übertragen?).

Man kann mit Archetypen in zwei Richtungen arbeiten: Einmal, indem man sie als personifizierte Objekte betrachtet (Marken, Storys, Farben, Formen etc.) und einmal, indem man sie als menschliche Subjekte (Zielgruppen, Konsumenten, Patienten, Coachees etc.) betrachtet. Der archetypische Persönlichkeitstest öffnet das weite Feld der Subjektbetrachtung.

© Der/die Herausgeber bzw. der/die Autor(en), exklusiv lizenziert durch
Springer Fachmedien Wiesbaden GmbH, ein Teil von Springer Nature 2020
J. U. Pätzmann und R. Genrich, *Employer Branding mit Archetypen,* essentials,
https://doi.org/10.1007/978-3-658-31290-9_5

Was Sie aus diesem *essential* mitnehmen können

1. Einen in der Praxis sofort einsetzbaren Fragebogen für die Persönlichkeitsdiagnostik
2. Eine Methode, wie man neue Mitarbeiter auf ihren Fit zum Unternehmen testen kann
3. Ein Instrument, das dabei hilft, die richtigen Mitarbeiter für Markenbotschafter-Aufgaben auszuwählen
4. Einen Persönlichkeitstest, der einem die Augen über einen selbst öffnet

Anhang

Siehe Tab. A1

Tab. A1 Testvorlage für den archetypischen Persönlichkeitstest nach Pätzmann und Genrich

	Trifft voll und ganz zu	Trifft im Wesentlichen zu	Trifft teilweise zu	Trifft in geringem Maße zu	Trifft überhaupt nicht zu
Ich möchte Antworten auf grundlegende Fragen über die Welt, über den Menschen und dessen Verhältnis zu seiner Umwelt finden.					
In meinen Augen unterliegt alles einer gewissen Logik, der Zufall spielt eine untergeordnete Rolle.					
Ich gehe Sachen bis ins Detail auf den Grund.					
Ich denke in großen Zusammenhängen.					
Mit meinen Erfahrungen helfe ich anderen, besser zu werden.					
Ich beschäftige mich mit Zukunftsszenarien und deren langfristigen Auswirkungen.					
Ich verstehe es, Menschen und ihre Ziele in Einklang zu bringen.					
Ich gehe voran, wenn Dinge erledigt werden müssen.					
Ich reagiere in allen Situationen souverän und überlegt.					
Ich treffe immer unabhängige Entscheidungen.					
Ich lasse mich in keine Rolle drängen.					
Ein gewisser Druck spornt mich zu Höchstleistungen an.					
Um die Komplexität von Dingen zu verstehen, verschaffe ich mir durch Recherche einen fundierten Überblick.					
Ich arbeite anfallende Aufgaben mit großem Elan ab.					
Ich mag es, wenn alles an seinem Platz ist.					

(Fortsetzung)

Tab. A1 (Fortsetzung)

	Trifft voll und ganz zu	Trifft im Wesentlichen zu	Trifft teilweise zu	Trifft in geringem Maße zu	Trifft überhaupt nicht zu
Ich kümmere mich gern um die Bedürfnisse anderer.					
Ich setze mich für Schwächere ein.					
Meiner Meinung nach hat jeder eine zweite Chance verdient.					
Ich habe für Probleme immer ein offenes Ohr.					
Das, was ich zusichere, halte ich ein.					
Ich sage die Wahrheit.					
Ich betrachte jedes Individuum auf der Erde als wertvoll.					
Ich suche immer nach ausgleichenden Lösungen.					
Ich kann gut zwischen unterschiedlichen Menschen vermitteln.					
Ich habe noch nie etwas Böses getan.					
Ich kann mich gut in andere hineinversetzen.					
Ich führe ein vorbildliches Leben.					
Ich bin unkonventionell.					
Mir macht es Spaß, neue Herangehensweisen auszuprobieren.					
Ich bin aufgeschlossen gegenüber Andersartigem.					
Ich empfinde Emotionen intensiv.					
Ich gebe mich einer Sache voll hin, wenn ich von ihr überzeugt bin.					
Andere drehen sich nach mir um, wenn ich einen Raum betrete.					

(Fortsetzung)

Tab. A1 (Fortsetzung)

	Trifft voll und ganz zu	Trifft im Wesentlichen zu	Trifft teilweise zu	Trifft in geringem Maße zu	Trifft überhaupt nicht zu
Ich lasse mich nicht aus der Ruhe bringen.					
Ich kann andere zum Lachen bringen.					
Auch wenn sich unerwartete Probleme auftun, verliere ich nie die Zuversicht.					
Ich sehne mich danach, ständig neue Dinge auszuprobieren.					
Ich möchte die Welt mit eigenen Augen erkunden.					
Ich lasse mich schnell für neue Ideen gewinnen.					
Zusätzliche Aufgaben sind für mich kein Problem, wenn ich dadurch eine Verbesserung für alle erzielen kann.					
Ich bin der Meinung, dass tiefgreifende Veränderungen nur mit der nötigen Risikobereitschaft erreicht werden.					
Ich habe einen starken inneren Antrieb, das Gesagte in die Tat umzusetzen.					
In manchen Situationen empfinde ich mich als tollpatschig.					
Oft erheitern mich banale Dinge.					
Oft handele ich einfach, ohne mir Gedanken zu machen.					
Ich bin der Auffassung, dass das Leben ungerecht ist.					
Ich habe Schwierigkeiten zu verzeihen, wenn mir Unrecht widerfahren ist.					
Ich habe Probleme, anderen ihren Erfolg zu gönnen.					
Ich befehle gern.					

(Fortsetzung)

Tab. A1 (Fortsetzung)

	Trifft voll und ganz zu	Trifft im Wesentlichen zu	Trifft teilweise zu	Trifft in geringem Maße zu	Trifft überhaupt nicht zu
Ich setze mir oft übertriebene Ziele.					
Ich grenze andere Menschen aus, wenn sie nicht meiner Meinung sind.					
Ich übernehme Wertvorstellungen von mir übergeordneten Personen, ohne diese selbst kritisch zu hinterfragen.					
Wenn ich Menschen, die mir wichtig sind, nicht für mich allein haben kann, werde ich wütend.					
Ich habe oft Pech.					
Ich passe in kein System.					
Neues entsteht für mich, je weiter ich mich von bisher befolgten Routinen entferne.					
Bestehende Regeln breche ich nach meinem Ermessensspielraum.					
Wenn andere mehr haben als ich, möchte ich mit ihnen gleichziehen.					
Ich handele stets so, dass mir daraus kein Nachteil entsteht.					
Ich kann Menschen und Prozesse in meinem Interesse steuern.					
Um meine Ziele zu erreichen, spiele ich andere Menschen gegeneinander aus.					
Ich tarne meine wahren Absichten.					
Ich passe meinen Standpunkt in kritischen Fragen so an, dass ich allgemeine Zustimmung erreiche.					
Ich kann an keinem Spiegel vorbeigehen, ohne mich zu betrachten.					

(Fortsetzung)

Tab. A1 (Fortsetzung)

	Trifft voll und ganz zu	Trifft im Wesentlichen zu	Trifft teilweise zu	Trifft in geringem Maße zu	Trifft überhaupt nicht zu
Ich bleibe anderen stets nachhaltig im Gedächtnis.					
Meine Fähigkeiten heben mich deutlich vom Durchschnitt ab.					
Anderen vertraue ich stets vorbehaltlos.					
Es fällt mir schwer, mich in unbekannten Situationen zurecht zu finden.					
Ich treffe Entscheidungen stets nach Rücksprache mit einer mir nahestehenden Bezugsperson.					
Meine Gedanken verstören normale Menschen.					
Ich erfreue mich am Unglück anderer.					
Ich empfinde wenig Mitgefühl mit dem Schicksal anderer.					
Andere würden ihre Zeit am liebsten ausschließlich mit mir verbringen.					
Ich bin mir meiner Wirkung auf andere bewusst und setze diese gekonnt ein.					
Ich kann andere auf charmante Art dazu bewegen, Dinge für mich zu tun.					
Ich denke oft und lange über zurückliegende Gespräche nach.					
Soziale Kontakte aufzubauen, fällt mir schwer.					
Ich grübele über den Sinn des Lebens und meinen individuellen Platz in der Gesellschaft.					
Ich habe Zukunftsängste.					
Ich nehme es in Kauf, von der Gesellschaft nicht akzeptiert zu werden.					

(Fortsetzung)

Tab. A1 (Fortsetzung)

	Trifft voll und ganz zu	Trifft im Wesentlichen zu	Trifft teilweise zu	Trifft in geringem Maße zu	Trifft überhaupt nicht zu
Andere halten mich für seltsam.					
Ich verabscheue die meisten Menschen in meiner Umgebung.					
Ich sanktioniere das Fehlverhalten anderer, ohne Rücksicht zu nehmen.					
Ich reagiere schnell gereizt, wenn Dinge nicht nach Plan verlaufen.					

Quelle. Eigene Darstellung

Quellen

Ambler, T., & Barrow, S. (1996). The Employer Brand, PAN'AGRA Working Paper, London Business School – Centre for Marketing, Nr. 96-902, London.

Bafaro, F., Ellsworth, D., & Gandhi, N. (2017). The CEO's guide to competing through HR, McKinsey & Company. https://www.mckinsey.com/business-functions/organization/our-insights/the-ceos-guide-to-competing-through-hr. zuletzt aktualisiert am 07/2017, Zugegriffen: 17. Apr. 2019.

Bents, R., Blank, R., & Athmann, P. J. (1997). *Der MBTI: Die 16 Grundmuster unseres Verhaltens nach C. G. Jung – eine dynamische Persönlichkeitstypologie* (2., überarb. Aufl.). München: Claudius.

Bischof, N. (1985). *Das Rätsel Ödipus: Die biologischen Wurzeln des Urkonfliktes von Intimität und Autonomie*. München: Piper.

Bischof, N. (1997). *Das Rätsel Ödipus: Die biologischen Wurzeln des Urkonfliktes von Intimität und Autonomie* (4. Aufl., ungekürzte Taschenbuchausgabe Aufl.). München: Piper.

Böhme, K., & Kütt, J. (2019). DMV White Paper Competence Circle Markenmanagement: Charakterfrage – warum Persönlichkeit auch in der Markenführung den Unterschied macht, Deutscher Marketing Verband e.V., https://www.marketingverband.de/fileadmin/Whitepaper_MarkenM_DMV02_2019_online.pdf, zuletzt aktualisiert am 01/2019, Zugegriffen: 28. Apr. 2019.

Borg, I. (2014). Likert-Skala. In F. Dorsch, M. A. Wirtz, & J. Strohmer (Hrsg.), *Dorsch – Lexikon der Psychologie* (17, voll. überarb Aufl., S. 969). Bern: Huber.

Brettschneider, A., & Läge, A. (2015). Das Streben nach Glück – Wie soziale Grundmotive das Handeln von Kunden lenken. *Research & Results, Zeitschrift für Marktforschung, 2*(2015), 40.

Burmann, C., Halaszovich, T., Schade, M., & Piehler, R. (2018). *Identitätsbasierte Markenführung: Grundlagen – Strategie – Umsetzung – Controlling* (3, vollständig überarbeitete Aufl.). Wiesbaden: Springer Gabler.

Center for Applications of Psychological Type. (o. J.). Using the PMAI® and the MBTI® Instruments Together, Center for Applications of Psychological Type Inc., https://www.capt.org/pmai-assessment/type-archetype.htm?bhcp=1, zuletzt aktualisiert am o.D., Zugegriffen: 20. Apr. 2019.

© Der/die Herausgeber bzw. der/die Autor(en), exklusiv lizenziert durch Springer Fachmedien Wiesbaden GmbH, ein Teil von Springer Nature 2020
J. U. Pätzmann und R. Genrich, *Employer Branding mit Archetypen,* essentials, https://doi.org/10.1007/978-3-658-31290-9

Chambers, E. G., et al. (1998). The war for talent. *McKinsey Quarterly, 3,* 44–57.

Charan, R., Barton, D., & Carey, D. (2015). People before strategy: A new role for the CHRO. *Harvard Business Review, 93*(4), 62–71.

Corlett, J. G., & Pearson, C. S. (2003). *Mapping the organizational psyche: A Jungian theory of organizational dynamics and change.* Gainesville: Center for Applications of Psychological Type.

Cubia AG. (o. J.). Ergebnisdarstellung und -aufbereitung: Likert Skala, Cubia AG. https:// mitarbeiterbefragungen.com/mitarbeiterbefragungen/auswertung/. zuletzt aktualisiert am o.D., Zugegriffen: 28. Apr. 2019.

De Bono, E. (2016). *Six Thinking Hats, x-te Auflage.* London: Penguin books.

Deutsches Institut für Marketing. (2018). Markenführung mit Archetypen – Prof. Dr. Jens U. Pätzmann im Interview, DIM Deutsches Institut für Marketing GmbH. https://www. marketinginstitut.biz/blog/markenfuehrung-mit-archetypen/. zuletzt aktualisiert am 29.11.2018, Zugegriffen: 15. Apr. 2019.

Donike, S. (2016). Archetypen in der B2B Markenführung, G+R B2B Kommunikation. https://www.gr-kommunikation.de/archetypen-der-b2b-markenfuehrung. zuletzt aktualisiert am 15.04.2016, Zugegriffen: 4. Mäi 2019.

Echolot group. (o. J.). Archetypische Markenpositionierung, echolot group – A member of the Branding Group. https://echolot.de/methodik/. zuletzt aktualisiert am o.D., abgerufen am 15. Apr. 2019.

Esch, F.-R., & Eichenauer, S. (2014). Mit Employer Branding die Arbeitgeberattraktivität steigern. In F-r Esch (Hrsg.), *Corporate Brand Management: Marken als Anker strategischer Führung von Unternehmen* (3., vollst. überarb. u. erw. Aufl., S. 289–312). Wiesbaden: Springer Gabler.

Feige, A. (2007). *BrandFuture: Praktisches Markenwissen für die Marktführer von morgen.* Zürich: Orell Füssli.

Flato, E., & Reinbold-Scheible, S. (2008). *Zukunftsweisendes Personalmanagement* (1. Aufl.). München: mi Wirtschaftsbuch.

Gmür, M. (2002). Employer Branding – Schlüsselfunktion im strategischen Personal-marketing. *Personal, 10,* 12–17.

Golden, J. P., Bents, R., Blank, R., & Diergarten, D. (2014). *Golden Profiler of Personality: Deutsche Adaptation des Golden Personality Type Profiler von John P. Golden* (2. Aufl.). Bern: Huber.

Goldhammer, F., & Hartig, J. (2012). Interpretation von Testresultaten und Testeichung. In H. Moosbrugger & A. Kelava (Hrsg.), *Testtheorie und Fragebogenkonstruktion* (2, aktualisierte u. überarbeitete Aufl., S. 174–201). Berlin: Springer-Verlag.

Grünwald, R. (2018a). Likert Skala im Fragebogen sinnvoll angewendet, NovustatStatistik-BeratungGrünwald.https://novustat.com/statistik-blog/likert-skala-fragebogen-anwendung.html. zuletzt aktualisiert am 07.11.2018, Zugegriffen: 30. Apr. 2019.

Grünwald, R. (2018b). Likert Skala: Auswertungsmöglichkeiten und Einflusskomponenten, Novustat Statistik-Beratung Grünwald. https://novustat.com/statistik-blog/likert-skala-auswertungsmoeglichkeiten.html. zuletzt aktualisiert am 07.11.2018, Zugegriffen: 30. Apr. 2019.

Haensel, S. (2010). *Employer Branding: Der Einsatz berufsbezogener Persönlichkeitstests zur optimalen Besetzung von Stellen und zur Erkennung, Förderung und Bindung von Mitarbeitern.* Saarbrücken: VDM-Verl. Müller.

Hautala, T., & Routamaa, V. (2008). Archetypes and Types, University of Vaasa – Department of Management. http://typeandculture.org/Pages/C_papers08/ HautalaArchetypes_2.pdf. zuletzt aktualisiert am 06.01.2008, Zugegriffen: 5. Mäi 2019.

HORIZONT Online. (2011). S&F Strategy Group und Spiegel Institut Mannheim starten Neuroversum, HORIZONT Zeitung für Marketing, Werbung und Medien. https://www.horizont.net/marketing/nachrichten/-SF-Strategy-Group-und-Spiegel-Institut-Mannheim-starten-Neuroversum-97813. zuletzt aktualisiert am 31.01.2011, Zugegriffen: 10. Apr. 2019.

Hossiep, R., & Mühlhaus, O. (2015). *Personalauswahl und -entwicklung mit Persönlichkeitstests* (2., vollständig überarbeitete u. erweiterte Aufl., Bd. 9)., Praxis der Personalpsychologie Göttingen: Hogrefe.

Hossiep, R., Paschen, M., & Mühlhaus, O. (2000). *Persönlichkeitstests im Personalmanagement: Grundlagen, Instrumente und Anwendungen*. Göttingen: Verl. für Angewandte Psychologie.

Hossiep, R., Schecke, J., & Weiß, S. (2015). Zum Einsatz von persönlichkeitsorientierten Fragebogen. *Psychologische Rundschau, 66*(2), 127–129.

Jonkisz, E., Moosbrugger, H., & Brandt, H. (2012). Planung und Entwicklung von Tests und Fragebogen. In H. Moosbrugger & A. Kelava (Hrsg.), *Testtheorie und Fragebogenkonstruktion* (2, aktualisierte u. überarbeitete Aufl., S. 28–74). Berlin: Springer-Verlag.

Jung, C. G. (1999). Der Begriff des kollektiven Unbewußten (1936). In L. Jung (Hrsg.), *Archetypen* (S. 45–56). München: dtv Deutscher Taschenbuch Verlag.

Jung, C. G. (1999). Über den Archetypus mit besonderer Berücksichtigung des Animabegriffes (1936). In L. Jung (Hrsg.), *Archetypen* (S. 57–74). München: dtv Deutscher Taschenbuch Verlag.

Jung, H. (2009). *Persönlichkeitstypologie: Instrument der Mitarbeiterführung; mit Persönlichkeitstest* (3., vollst. überarb. u. wesentlich erw. Aufl.). München: De Gruyter Oldenbourg.

Jung, C. G., & Jung, L. (1990). *Die Beziehungen zwischen dem Ich und dem Unbewussten* (2. Aufl., Bd. 15061)., dtv München: dtv Deutscher Taschenbuch Verlag.

Kernstock, J., Esch, F.-R., Tomczak, T., Redler, J., & Langner, T. (2014). Bedeutung des Corporate Brand Management erkennen und Denkschulen verstehen. In F.-R. Esch (Hrsg.), *Corporate Brand Management: Marken als Anker strategischer Führung von Unternehmen* (3., vollst. überarb. u. erw. Aufl., S. 3–26). Wiesbaden: Springer Gabler.

Kirchgeorg, M., & Günther, E. (2006), Employer Brands zur Unternehmensprofilierung im Personalmarkt: Eine Analyse der Wahrnehmung von Unternehmensmarken auf der Grundlage einer deutschlandweiten Befragung von High Potentials, Arbeitspapier, HHL Leipzig Graduate School of Management, Nr. 74, Leipzig.

Knackfuß, C. (2010). Die Rolle von Emotionen als Mediatoren zwischen Markenimage und Markenstärke: Eine empirische Analyse am Beispiel des deutschen Automobilmarktes. Zugl.: Mannheim, Univ., Diss., 2009, In: Gabler Research, 1. Aufl., Gabler Verlag/GWV Fachverlage GmbH Wiesbaden, Wiesbaden.

Koerting, T. J. (2016). Archetypen machen klare, starke Marken, Personal Brand Mastery. https://personal-brand-mastery.com/2016/09/01/archetypen-machen-klare-starke-marken/. zuletzt aktualisiert am 1.9.2016, Zugegriffen: 4. Mäi 2019.

Kotler, P., Keller, K. L., Brady, M., Goodman, M., & Hansen, T. (2012). Marketing Management, 2. European ed., Pearson, Harlow.

Lindemann, H. (2016). *Die große Metaphern-Schatzkiste – Band 2: Die systemische Reise.* Göttingen: Vandenhoeck & Ruprecht.

Lorenz, M., & Rohrschneider, U. (2015). *Erfolgreiche Personalauswahl: Sicher, schnell und durchdacht* (2. Aufl.). Wiesbaden: Springer Gabler.

Lorenz, T., & Oppitz, S. (2006). Myers-Briggs Typenindikator (MBTI) – Profilierung durch Persönlichkeit. In W. Simon (Hrsg.), *Persönlichkeitsmodelle und Persönlichkeitstests: 15 Persönlichkeitsmodelle für Personalauswahl, Persönlichkeitsentwicklung, Training und Coaching* (S. 299–319). Offenbach: GABAL-Verl.

Mark, M., & Pearson, C. S. (2001). *The hero and the outlaw: Building extraordinary brands through the power of archetypes.* New York: McGraw-Hill.

McCarthy, J. (1960). *Basic marketing: A managerial approach.* Homewood: Richard D. Irwin Inc.

McPeek, R. W. (2008). The Pearson-Marr archetype indicator and psychological type. *Journal of Psychological Type, 7,* 52–67.

Meffert, H., & Bierwirth, A. (2005). Corporate Branding – Führung der Unternehmensmarke im Spannungsfeld unterschiedlicher Zielgruppen. In H. Meffert, C. Burmann, & M. Koers (Hrsg.), *Markenmanagement: Identitätsorientierte Markenführung und praktische Umsetzung* (2., vollst. überarb. u. erw. Aufl., S. 143–162). Wiesbaden: Gabler.

Mosley, R. (2015). CEOs need to pay attention to employer branding, harvard business review. https://hbr.org/2015/05/ceos-need-to-pay-attention-to-employer-branding. zuletzt aktualisiert am 11.05.2015, Zugegriffen: 17. Apr. 2019.

Myers, I. B. (1962). *The Myers-Briggs type indicator: Manual (1962).* Palo Alto: Consulting Psychologists Press.

Myers, I. B., & Myers, P. B. (1995). *Gifts differing: Understanding personality type.* Palo Alto: Davies-Black.

Nadler, D. (2009). *Markenerfolg durch Emotional Branding: Das Beispiel Automobilindustrie* (Bd. 2)., Munich Business School Working Paper Series München: Munich Business School.

Nußbaum, A., & Neumann, B. (1995). Jede Entwicklung geht vom Menschen aus – Human-Resource Management als unternehmerische Aufgabe. In W. Jochmann (Hrsg.), *Personalberatung intern: Philosophien, Methoden und Resultate führender Beratungsunternehmen* (S. 121–142). Göttingen: Verl. für Angewandte Psychologie.

Pätzmann, J., & Adamczyk, Y. (2020). *Customer Insights mit Archetypen: Wie Sie mit archetypischen Metaphern Zielgruppen besser definieren und verstehen können, in: essentials.* Wiesbaden: Springer Gabler.

Pätzmann, J., & Benzing, T. (2018). Das Tool: Archetypen zur Persönlichkeitsanalyse von Politikern. *Markenbrand, 6,* 8–10.

Pätzmann, J., & Busch, A. (2019). *Storytelling mit Archetypen: Videogeschichten für das Content Marketing selbst entwickeln.,* essentials Wiesbaden: Springer Gabler.

Pätzmann, J., & Hartwig, J. (2018). *Markenführung mit Archetypen: Von Helden und Zerstörern: ein neues archetypisches Modell für das Markenmanagement.,* essentials Wiesbaden: Springer Gabler.

Pearson, C. S. (2020). PMAI. https://www.storywell.com. Zugegriffen: 13. Mäi 2020.

Pearson, C. S., & Marr, H. K. (2007). *What story are you living?: A workbook and guide to interpreting results from the Pearson-Marr Archetype Indicator.* Gainesville: Center for Applications of Psychological Type.

Pearson, C., & Hammer, A. L. (2004). *OTCI manual: A guide for interpreting the organizational and team culture indicator instrument.* Gainesville: Center for Applications of Psychological Type.

Reinecke, J. (2014). Grundlagen der standardisierten Befragung. In N. Baur & J. Blasius (Hrsg.), *Handbuch Methoden der empirischen Sozialforschung* (S. 601–617). Wiesbaden: Springer VS.

Roesler, C. (2016). *Das Archetypenkonzept C. G. Jungs: Theorie, Forschung und Anwendung.* Stuttgart: Kohlhammer.

Roj, M. (2013). Die Relevanz der Markenarchitektur für das Employer Branding: Eine verhaltenstheoretisch-experimentelle Untersuchung zum Einfluss von hierarchieübergreifenden Markenkombinationen auf die Employer Brand Strength. Zugl.: Leipzig, Handelshochschule, Diss., 2012, in: Innovatives Markenmanagement, Band 44, Springer, Wiesbaden.

Schaefer, M. W. (2016). Why (and How) HR needs to act more like marketing, harvard business review. https://hbr.org/2016/11/why-and-how-hr-needs-to-act-more-like-marketing. zuletzt aktualisiert am 24.11.2016, Zugegriffen: 23. Apr. 2019.

Scheier, C., & Held, D. (2012). *Was Marken erfolgreich macht: Neuropsychologie in der Markenführung* (3. Aufl.). Freiburg im Breisgau: Haufe Verlag.

Scheier, C., & Held, D. (2012). *Wie Werbung wirkt: Erkenntnisse des Neuromarketing* (2. Aufl.). Freiburg im Breisgau: Haufe Verlag.

Schneider, M. E. (2001). Motivational development, systems theory of. In N. J. Smelser (Hrsg.), *International encyclopedia of the social & behavioral sciences* (S. 10120–10125). Amsterdam: Elsevier.

Scholz, C. (2014). *Personalmanagement: Informationsorientierte und verhaltenstheoretische Grundlagen* (6., neubearb. u. erw Aufl.)., Vahlens Handbücher der Wirtschafts- und Sozialwissenschaften München: Vahlen.

Schuler, H. (2014). *Psychologische Personalauswahl: Eignungsdiagnostik für Personalentscheidungen und Berufsberatung, in: Wirtschaftspsychologie* (4., vollst. überarb. u. erw. Aufl.). Göttingen: Hogrefe.

Solomon, M. R. (2013). *Konsumentenverhalten.*, Always learning, Neue deutsche Ausgabe München: Pearson.

Spektrum der Wissenschaft – Lexikon der Neurowissenschaft. (2000). Hippocampus, Spektrum Akademischer Verlag. https://www.spektrum.de/lexikon/neurowissenschaft/hippocampus/5439, zuletzt aktualisiert am o. D., Zugegriffen: 16. Mäi.2019.

Sponheuer, B. (2010). Employer Branding als Bestandteil einer ganzheitlichen Markenführung. Zugl.: Leipzig, HHL, Graduate School of Management, Diss., 2009, in: Gabler research Innovatives Markenmanagement, 1. Aufl., Gabler Verlag/GWV Fachverlage GmbH Wiesbaden, Wiesbaden.

Stangl, W. (2019). Stichwort: ‚Archetypen', Online Lexikon für Psychologie und Pädagogik. https://lexikon.stangl.eu/151/archetypen/. zuletzt aktualisiert am o.D., Zugegriffen: 14. Apr. 2019.

The Myers & Briggs Foundation. (o. J.). MBTI® Basics, The Myers & Briggs Foundation. https://www.myersbriggs.org/my-mbti-personality-type/mbti-basics/isabel-briggs-myers.htm?bhcp=1. zuletzt aktualisiert am o.d., Zugegriffen: 20. Apr. 2019.

v Walter, B., & v Kremmel, D. (2016). Employer Branding als Teil einer integrierten Markenführung. In B. v Walter & D. v Kremmel (Hrsg.), *Employer Brand Management: Arbeitgebermarken aufbauen und steuern* (S. 37–67). Wiesbaden: Springer Gabler.

Wolfradt, U. (2015). Analytische Psychologie. In M. B. Galliker & U. Wolfradt (Hrsg.), *Kompendium psychologischer Theorien* (1. Aufl., S. 32–36). Berlin: Suhrkamp.

Ausführliche Quellenangaben zu den in Tab. 1.1 vorgestellten Persönlichkeitstests

Eisele, D. (2010). Tests in der Managementdiagnostik: Persönlichkeitstests unter der Lupe. *Personalführung, 10,* 32–41.

Hossiep, R., & Mühlhaus, O. (2015). *Personalauswahl und -entwicklung mit Persönlichkeitstests* (2., vollständig überarbeitete u. erweiterte Aufl., Bd. 9)., Praxis der Personalpsychologie Göttingen: Hogrefe.

Hossiep, R., Paschen, M., & Mühlhaus, O. (2000). *Persönlichkeitstests im Personalmanagement: Grundlagen, Instrumente und Anwendungen.* Göttingen: Verl. für Angewandte Psychologie.

Lorenz, M., & Rohrschneider, U. (2015). *Erfolgreiche Personalauswahl: Sicher, schnell und durchdacht* (2. Aufl.). Wiesbaden: Springer Gabler.

Pelz, W. (2017). Reiss Profile: Kritik der „Theorie"der 16 Lebensmotive, THM Business School der Technische Hochschule Mittelhessen Gießen. https://www.management-innovation.com/download/Reiss-Profil.pdf. zuletzt aktualisiert am 05/2017, Zugegriffen: 11. Mäi.2019.

Schuler, H. (Hrsg.). (2014). *Psychologische Personalauswahl: Eignungsdiagnostik für Personalentscheidungen und Berufsberatung* (4., vollst. überarb. u. erw. Aufl.)., Wirtschaftspsychologie Göttingen: Hogrefe.

Simon, W. (Hrsg.). (2006). *Persönlichkeitsmodelle und Persönlichkeitstests: 15 Persönlichkeitsmodelle für Personalauswahl, Persönlichkeitsentwicklung, Training und Coaching (GABAL professional training).* Offenbach: GABAL-Verl.

The Myers & Briggs Foundation. (o. J.), Your MBTI® Best Fit Type, The Myers & Briggs Foundation. https://www.myersbriggs.org/my-mbti-personality-type/my-mbti-results/your-mbti-best-fit-type.htm?bhcp=1. zuletzt aktualisiert am o. D., Zugegriffen: 11. Mäi.2019.

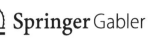

Printed in the United States
By Bookmasters